2019年度教育部人文社会科学研究青年基金项目《习近平总书记关于发展的重要论述的科学内涵和精神实质研究》(项目编号:19YJC710109)最终成果。

光明社科文库
GUANGMING DAILY PRESS:
A SOCIAL SCIENCE SERIES

·政治与哲学书系·

社会发展理论创新研究

以马克思社会发展理论为视角

赵 畅 | 著

光明日报出版社

图书在版编目（CIP）数据

社会发展理论创新研究：以马克思社会发展理论为视角 / 赵畅著. -- 北京：光明日报出版社，2024.3
ISBN 978-7-5194-7832-2

Ⅰ.①社… Ⅱ.①赵… Ⅲ.①马克思主义—社会发展—理论研究—中国 Ⅳ.①A811.64

中国国家版本馆 CIP 数据核字（2024）第 056119 号

社会发展理论创新研究：以马克思社会发展理论为视角
SHEHUI FAZHAN LILUN CHUANGXIN YANJIU：YI MAKESI SHEHUI FAZHAN LILUN WEI SHIJIAO

著　　者：赵　畅	
责任编辑：杨　茹	责任校对：杨　娜　董小花
封面设计：中联华文	责任印制：曹　净

出版发行：光明日报出版社

地　　址：北京市西城区永安路 106 号，100050

电　　话：010-63169890（咨询），010-63131930（邮购）

传　　真：010-63131930

网　　址：http://book.gmw.cn

E - mail：gmrbcbs@gmw.cn

法律顾问：北京市兰台律师事务所龚柳方律师

印　　刷：三河市华东印刷有限公司

装　　订：三河市华东印刷有限公司

本书如有破损、缺页、装订错误，请与本社联系调换，电话：010-63131930

开　　本：170mm×240mm

字　　数：156 千字　　　　　　　　　　印　张：13.5

版　　次：2025 年 1 月第 1 版　　　　　　印　次：2025 年 1 月第 1 次印刷

书　　号：ISBN 978-7-5194-7832-2

定　　价：85.00 元

版权所有　　翻印必究

前　　言

　　发展是当今的时代主题，是世界各国共同面临的问题，更是当代中国面临的突出问题。党的二十大报告指出，"从现在起，中国共产党的中心任务就是团结带领全国各族人民全面建成社会主义现代化强国、实现第二个百年奋斗目标，以中国式现代化全面推进中华民族伟大复兴。""我国发展进入战略机遇和风险挑战并存、不确定难预料因素增多的时期。"面对全面建设社会主义现代化国家的新征程，中国的发展实践亟须具有中国特色的发展理论给予科学指导。长期以来，对于发展中国家如何实现现代化的问题，西方发展理论一直占据着主导地位。然而由于基本立场的本质区别，以及理论与实践的错位，西方发展理论不可能为发展中国家的发展实践提供真正的科学指导。与此同时，作为世界上最大的发展中国家，中国人口众多，人均资源占有量少，城乡、区域之间发展极不平衡，中国用几十年的时间走完了西方国家几百年走过的发展历程，许多矛盾和问题在短时间内集中出现。因此，中国在发展中遇到的矛盾和问题是西方发达国家在现代化的过程中不曾出现或很少遇到的，西方发展理论不可能为中国发展提供现成的答案。对于中国共产党人来说，如何摆脱西方发展话语体系的桎梏，寻找适合本国国情和本民族历史发展的现代化道路，实现国家富强、民族复兴、人民幸福，是必须回答和解决的重大问题。为此，一代又一代中国共产党人进行了艰辛探索，终于找到了适合中国国情的中国特色社会主义发展道路，成功推进和拓展了中国式现代化，取得了举世瞩目的发展成就。在中国特色社会主义进入新时代的历史方位下，中国日益接近世界舞台的中心，"人民群众日益增长的美好生活需要和不平衡不充分的发展之间的矛盾"成为社会的主要矛盾，中国未来的发展既面临难得的机遇，也面临严峻的风险和挑战。在新的历史条件下，如何从社会发展的角度，探寻中国发展的历史必然性，在新的发展起点上深入挖掘马克思主义社会发展理论的思想资源，系统总结中国共产党人社会发展理论的历史演进，运用马克思社会发展理论的基本原理、立场、方法指导当前中国改革发展实践，推动构建中国特色社会主义发展理论，为21世纪中国乃至人类社会的发展提出新的思路和新的方案，成为当前中国面临的重大理论和现实问题。

本书从多视角阐释马克思社会发展理论的主要内容，突出了马克思社会发展理论的独特价值，有助于推动马克思主义中国化时代化的历史进程，坚定中国发展必须坚持马克思主义理论为指导的信心，如期实现富强民主文明和谐美丽的社会主义现代化强国的奋斗目标，必须始终坚持马克思主义社会发展理论的科学指导，实现马克思主义社会发展理论中国化。

本书立足于中国特色社会主义发展的重大理论和实践问题，致力于更好地"把握新发展阶段、贯彻落实新发展理念，构建新发展格局"，推动实际工作的开展。通过对中国共产党在不同的历史时期社会发展理论的形成和发展过程进行系统梳理，致力于构建中国特色社会主义发展理论。

　　本书致力于提升中国式现代化的国际话语权，为其他发展中国家的发展提供中国经验，推动建立现代化道路的非西方模式。发展中国家如何实现现代化，是世界各国共同关注的问题。长期以来，在西方中心论的话语体系中，发展中国家现代化的模式被固化为西方模式。中国的发展实践和发展经验一再证明，资本主义并没有终结人类历史，也不可能终结人类历史。通过深入挖掘马克思主义社会发展理论的思想资源，推动构建中国特色社会主义发展理论，必将为其他国家的现代化进程提供新的模式选择，推动建立现代化的非西方模式，为人类的发展贡献中国智慧和中国方案。

目 录
CONTENTS

绪论 …………………………………………………………………… 1

第一章 马克思社会发展理论：中国共产党社会发展理论的理论基础 …………………………………………… 17
- 第一节 马克思社会发展的一般理论 ………………………… 18
- 第二节 马克思关于现代资本主义社会的发展理论 ………… 38
- 第三节 马克思关于东方社会的发展理论 …………………… 44
- 本章小结 …………………………………………………………… 50

第二章 马克思社会发展理论与西方发展理论的比较分析 ………… 52
- 第一节 西方发展理论的代表性观点 …………………………… 52
- 第二节 马克思社会发展理论与西方发展理论的本质区别 …… 61
- 第三节 西方发展理论难以指导我国发展实践的原因分析 …… 65
- 本章小结 …………………………………………………………… 68

第三章　中国共产党社会发展理论的初步探索 …… 69
第一节　新民主主义革命时期中国共产党对未来中国发展的谋划 …… 69
第二节　社会主义革命和建设时期中国共产党对社会主义发展道路的探索 …… 73
本章小结 …… 83

第四章　中国共产党社会发展理论的开创发展 …… 84
第一节　发展是硬道理 …… 84
第二节　发展是党执政兴国的第一要务 …… 95
第三节　科学发展观 …… 106
本章小结 …… 114

第五章　新时代中国共产党社会发展理论的创新发展 …… 116
第一节　新时代中国共产党社会发展理论的生成逻辑 …… 117
第二节　新时代中国共产党社会发展理论内容体系及精神实质 …… 122
第三节　新时代中国共产党社会发展理论的重要意义 …… 152
第四节　新发展理念指导下中国发展的个案分析——以辽宁阜新海州露天矿为例 …… 157
本章小结 …… 165

第六章　中国共产党社会发展理论的鲜明特色与方法论意义 …… 167
第一节　中国共产党社会发展理论的鲜明特色 …… 167

第二节　中国共产党社会发展理论的方法论特征 …………… 179
本章小结 ………………………………………………………… 184

结语　中国共产党社会发展理论创新发展的启示 …………… **186**

参考文献 ……………………………………………………………… **196**

绪　论

一、研究背景及意义

（一）研究背景

第二次世界大战结束后，摆脱殖民统治的广大发展中国家纷纷开始探寻适合本民族的发展道路，迫切希望能够实现快速发展。在特定的国际背景下，为了防止这些发展中国家走上社会主义道路，西方国家掀起了研究发展中国家如何实现发展的理论热潮，形成了诸多理论学派，为发展中国家的发展出谋划策。新中国成立后，选择什么样的发展道路问题同样突出地摆在中国共产党人面前。与一些选择依附于西方发达国家、照搬西方发展道路的国家不同，中国共产党人从国家和民族的整体利益出发，选择了社会主义发展道路。然而，对于一个脱胎于半殖民地半封建社会的东方大国来说，如何走出适合本国国情的社会主义发展道路，没有现成的答案，苏联模式不能照搬，西方发展理论更不可能给予科学指导。中国的发展实践迫切需要符合中国国情的发展理论给予科学指导。在一代又一代中国共产党人进行的艰辛探索下，适合中国国情的发展道路日渐明晰，中国取得的发展成就举世瞩目，具有中国特色的发展理论也在实践中不断发展。从新中国成立初期，提出"建设一个伟大的社会主义国家"，到改革开放后，提出"发展是硬道理""发展是党执政兴国的第一要务""科学发展观",中国共产党人关于发展的理论在实践中逐步推进。特别是党的十八大以来,以习近平同志为核心的党中央提出"创新、协调、绿色、开放、共享"的新发展理念,党的二十大报告指出,"在新中国成立特别是改革开放以来长期探索和实践基础上,经过十八大以来在理论和实践上的创新突破,我们党成功推进和拓展了中国式现代化"。这些理论成果的提出,标志着中国共产党人关于发展的理论日益成熟。因此,在西方发展理论长期占据世界发展理论话语霸权的背景下,从马克思社会发展理论的思想资源入手,与西方发展理论进行全面的比较分析,从而系统总结中国共产党人发展理论的历史演进,全面系统总结梳理中国共产党关于发展的理论成果,推动构建中国特色社会主义发展理论体系,破解"现代化=西方化"的认知迷思,为全面建成社会主义现代化国家提供理论指导,为广大发展中国家的发展提出新的思路和新的方案,具有重大的理论和现实意义。

(二)研究意义

1. 理论意义

一是挖掘与凸显马克思社会发展理论的思想资源和当代价值。通过梳理马克思社会发展理论的重要内容和方法论特征,突出马克思社会发展理论的独特价值,推动马克思社会发展理论的中国化。

二是对中国共产党社会发展理论的历史演进进行历史唯物主义的总结和梳理,推动构建中国特色社会主义发展理论。中国作为发展中国家,在发展过程中遇到的矛盾和问题与西方发达国家在发展中遇到的矛盾和问题有很大的区别,因此,西方发展理论无法解决中国问题。为了解决理论指导的空缺,本研究立足于中国发展实践,通过对中国共产党社会发展理论在不同的历史时期形成和发展过程进行系统梳理，致力于构建中国特色社会主义发展理论。

三是以习近平总书记关于发展的重要论述为导引，为人类社会的发展贡献中国智慧与中国方案。长期以来，西方模式被认为现代化的唯一模式，但中国的发展一再证明资本主义并没有终结人类历史，中国的发展实践将为世界发展理论贡献新的智慧和新的方案。

2. 实践意义

一是有助于推动马克思主义中国化的历史进程，坚定中国发展必须坚持马克思主义理论为指导的信心。中国共产党的历史就是马克思主义不断中国化的历史。虽然《共产党宣言》已经发表一百多年了，但马克思主义的科学性和真理性日益显示出独特的理论魅力。在如期实现第一个百年奋斗目标，全面踏上建设社会主义现代化国家的新征程中，根据党的二十大全面建成社会主义现代化强国的战略安排，如期实现第二个百年奋斗目标，必须始终坚持马克思社会发展理论的科学指导，实现马克思社会发展理论的中国化时代化。

二是立足于中国特色社会主义的重大理论和实践问题，更好地贯彻、落实新发展理念，推动实际工作的开展。本研究立足于我国已经进入新发展阶段，社会主要矛盾已经转化的实际国情，力争为解决当前中国发展面临的重大理论和现实问题提供一定的参考。

三是为其他发展中国家的发展提供中国经验和中国借鉴，推动建立现代化道路的非西方模式。发展中国家如何实现现代化是世界各国共同关注的问题。长期以来，在西方中心论的话语体系中，发展中国家实现现代化的模式被固化为西方模式。而中国的发展实践和发展经验一再证明，资本主义并没有终结人类历史，也不可能终结人类历史。通过深入挖掘马克思社会发展理论的思想资源，推动构建中国特色社会主义发展理论，必将为其他国家的现代化进程提供新的模式选择，推动建立现代化道路的非西方模式，为人类的发展贡献中国智慧和中国方案。

二、国内外研究现状

（一）国外关于发展与马克思社会发展理论研究概况

1. 关于发展问题的研究

第二次世界大战后，西方国家兴起了研究落后国家如何实现现代化的热潮，学派众多，异彩纷呈。按学科方向可分为经济学上的发展理论、社会学上的发展理论、政治学上的发展理论等。

首先是经济学上的发展理论。发展理论最初是从发展经济学开始的，而发展经济学在最初阶段就是"增长经济学"，西方学者在对经济增长的追求中相继提出了多种经济增长理论。代表性的观点有：①哈罗德-多马的经济增长论。这一理论模型是罗伊·福布斯·哈罗德（Roy Forbes Harrod）在 1939 年的论文《动态理论论文》（*An Essay in Dynamic Theory*），与埃弗塞·多马（Evsey David Domar）在 1946 年的论文分别独立提出的，模型结论是"经济增长是不稳定的"。②熊彼特（Joseph Alois Schumpeter）的经济发展论。1912 年，熊彼特出版了《经济发展理论》一书，提出了"创新"及其在经济发展中的作用。③罗斯托（Walt Whitman Rostow）的经济成长阶段论。罗斯托认为社会发展必须依次经过 6 个阶段：传统社会阶段、起飞准备阶段、起飞进入自我持续增长的阶段、成熟阶段、高额群众消费阶段、追求生活质量阶段。罗斯托认为世界上任何一个国家或社会，都可以在其列出的阶段中找到自己所处的位置，而发展就是由当前阶段向下一个阶段的前进的过程。罗斯托认为，其中"起飞"和"追求生活质量"是两个关键性阶段，而美国处在最先进的发展阶段，即追求生活质量阶段。罗斯托对他的理论充满自信，认为他的理论完美解释了西方各国的工业化历史过程，指出了一国在经济成长过程中所面临的一系列战略选择问题。总之，以上几种经济增长理论的核心观点就是"发展就是增长"。随着实践发展，经济学上的发展理论受到了尖锐质疑：经济增长是否等于社会发展？一些学者开始注意非经济因素在发展中的作用。法国学者佩鲁（Fransois Perroux）在《新发展观》（1987年版）一书中全面系统地阐述了其发展理论，提出了"以人为中心"、以文化价值为尺度，综合性、整体性、内在性的发展观。这是西方发展理论的一次重大突破，也为不发达国家寻求发展提供了一条新的道路。

其次是社会学上的发展理论。其源头可以追溯到19世纪社会学诞生之初，孔德（Auguste Comte）和 H. 斯宾塞（Herbert Spencer）关于社会发展的理论。二战后出现的社会发展理论的理论基础是 T. 帕森斯（Talcott Parsons）的结构功能主义，这一理论把西方社会发展的模式套用到发展中国家，认为发展中国家的经济落后是其制度上和观念上的落后造成的，因此，后发展中国家要实现工业化、现代化，就必须首先在制度和观念上实现全面"西化"。也有学者对这一观点提出了批评，美国学者列维（Claude Levi-Strauss）第一个明确使用"后来者"的概念，区分了"早发"国家与"后发"国家的界限，在其著作《现代化与社会结构》（1966年版）中，他从"现代化的条件问题""后发式"现代化的利与弊、"社会转型中的特殊问题"等三个方面分析了"后发型"国家现代化的特殊性问题。与此同时，在20世纪60年代，先后出现了美国经济学家 A. G. 弗兰克（Andre Gunder Frank）：《资本主义和拉丁美洲的不发达》（1969年英文版）、《依附性积累与不发达》（1999年版）和埃及经济学家萨米尔·阿明（Samir Amin）：《不平等的发展》（2000年版）等人代表的"依附论"，他们强烈反对只从社会内部因素看待发展中国家的不发达问题，主张从西方发达国家对不发达国家的剥削、控制来解释不发达现象，坚决反对"西化"模式，认为发展中国家要实现现代化，只能与西方国家"脱钩"。20世纪70年代中期以后，沃勒斯坦（Immanuel Maurice Wallerstein）的"世界体系论"避免了单纯内因与外因的倾向，转向从世界体系的视野来看待发展中国家的发展问题，其观点主要体现在《现代世界体系（第1卷）》（1998年版）中。

最后是政治学上的发展理论，代表人物主要是美国学者亨廷顿（Samuel P. Huntington），其主要观点体现在其著作《变革社会中的政治秩序》（1989年版）一书。亨廷顿从宏观上论述了第三世界国家在走向现代化的道路上遇到的种种问题，提出了第三世界国家走向现代化的"强政府理论"。他认为政治秩序与现代化的的实现程度具有高度相关性，现代化程度低和现代化程度高的国家一般不容易出现社会动荡，而处在实现现代化过程中的国家由于利益的重新分配，多处于社会动荡当中。在此基础上，亨廷顿探讨了一个国家如何才能避免政治动荡实现政治稳定中的发展，获得现代化的成功的途径。

2. 关于马克思社会发展理论的研究

国外学者对于马克思社会发展理论的系统研究并不多见，很多学者对于马克思的社会发展理论带有一种意识形态偏见。但是也有一些学者吸收了马克思社会发展理论的一些思想资源。例如依附理论中的弗兰克、多斯桑托斯、阿明等人，是新马克思主义者的代表人物，他们吸收了很多马克思的思想，也吸收了列宁和毛泽东的很多思想。世界体系理论的奠基人沃勒斯坦是新马克思主义的重要代表人物之一，马克思的"世界历史"理论给沃勒斯坦提供了诸多参考借鉴。美国学者罗伯特·布伦纳（Robert Brenner）是西方"经济马克思主义思潮"的重要代表人物，其新著《马克思社会发展理论新解》（2015年版）是西方学者中不多见的研究马克思社会发展理论的系统论著。该书立足于"社会财产关系"来解释和说明资本主义社会的兴起，探讨了封建主义向资本主义社会的过渡问题，重新开启了探讨历史唯物主义的经济学维度。但是综合来看，虽然西方学者关注到了马克思社会发展理论的思想资源和重要价值，但西方学者大多从特定的阶级立场来看待马克思的社会发展理论，具有明显的"西方中心论"倾向。

3. 对于中国发展的研究

改革开放以来，中国的发展成就和发展速度引起了世界的广泛关注，学术界也掀起了对中国发展的研究热潮。但是通过梳理相关文献资料发现，西方学者对中国发展的研究始终戴有一种有色眼镜。他们一方面关注中国的发展成就，另一方面忽视中国取得巨大成就的原因。西方学者先后炮制了"中国崩溃论""中国威胁论""中国责任论"等相关论调，这些研究更多的是一种学术上的以偏概全、意识形态上的天然障碍，以及西方霸权主义心理膨胀的一种表现。当然，国外对中国的研究也不乏理性的声音，其中英国学者雷默（Joshua Cooper Ramo）的观点具有一定的代表性。他强调，"北京共识"最核心的意义在于：每个国家要选择最适合自己的发展模式，巴西模式与中国模式就不一样，不能只有"华盛顿共识"。[1] 这说明西方学者开始

---

[1] 刘桂山. "北京共识"为世界带来希望——西方学者雷默论述中国经济发展模式的理论与实践 [N]. 参考消息特刊，2004-6-10.

从世界发展方式多样性的角度认识当代中国的发展。2011年，美国前国务卿基辛格的（Henry Alfred Kissinger）著作《论中国》，从国际外交及中美关系的发展角度分析了中国未来在国际战略格局中的作用，对于我们理解西方对中国崛起的态度具有重要的启发。

（二）国内关于马克思社会发展理论与中国共产党社会发展理论的研究概况

1. 关于马克思社会发展理论的研究

改革开放以来，随着一些新的社会问题在社会发展前进过程不断出现，学者们对发展问题的关注也与日俱增。北京大学的罗荣渠教授是当代中国现代化理论与比较现代化进程研究的主要开创者，其著作《现代化新论——世界与中国的现代化进程》（2004年版）是马克思主义发展理论在中国的研究开创性著作。罗荣渠教授突破了西方发展理论的窠臼，对马克思社会发展理论进行深入分析，提出要以马克思社会发展理论为基础，建立现代化研究的中国学派。北京大学的丰子义教授也是较早研究马克思社会发展理论的学者，其观点主要体现在《现代化的理论基础——马克思现代化发展理论研究》（1995年版）、《马克思主义社会发展理论研究》（2006年版）、《发展的反思与探索——马克思社会发展理论的当代阐释》（2006年版）等著作中，这些著作主要从哲学角度研究马克思社会发展理论及其当代价值，并且从发展的理论审视、发展的问题探索和发展的全球视野等方面拓宽了马克思社会发展理论的研究领域。中南民族大学雷振扬教授的《马克思主义社会发展理论与中国社会发展问题研究》（2002年版），开辟了马克思主义社会发展理论研究的新视角。中国人民大学侯衍社的《马克思的社会发展理论及其当代价值》（2004年版）从马克思社会发展理论的内在逻辑出发,深入挖掘并系统梳理了马克思社会发展理论的基本内容,形成了比较系统的马克思社会发展理论体系,从中国特色社会主义事业的高度提出了在新形势下建构具有中国特色马克思主义社会发展理论颇富启发意义的理论设想。刘森林的《重思发展——马克思发展理论的当代价值》(2003年版),从第一现代化与第二现代化结合的角度,力图对马克思发展理论进行新的定位,对与传统的生产力不同的"自然生产力"、与生产力相对的反生产力——"自然破坏力"等以前常被忽视,但在中国非常重要的问题进行了阐发和探讨,并在发展的动力学和反思学意义上探索技术与制度、发展与恶的关系,进而从方法论角度对马克思发展观的特色做出简要的总结和评价。近年来,关于马克思社会发展理论的研究并不多见,主要的代表性著作有吕世荣的《马克思社会发展理论研究》(2001年版)、王晶雄和王善平的《社会发展:反思与超越——马克思主义社会发展理论研究》(2008年版),张明波的《马克思社会发展理论及其当代意义》(2017年版),郭广平、刘靓的《马克思社会发展道路思想研究(2017年辑)》,韩庆祥、邱耕田编《马克思主义社会发展理论简史》(2021年版)等,这些著作从不同角度开展研究,但主要侧重于马克思社会发展的一般理论,而对马克思具体的社会发展理论研究相对薄弱,同时从马克思社会发展的一般理论与马克思具体的社会发展理论进行比较分析的研究还不多见。

2. 关于中国共产党社会发展理论的研究

国内对中国共产党的发展理念的研究提法稍有不同,包括中国共产党的发展理论研究、发展思想研究、发展观研究和发展理念的研究等,但研究的范围基本一致,大致有以下几个基本方向:一是对中国共产党几代中央领导集体有关发展的重要论述进行总结归纳，概括提升，比如潘利红等人的《中国共产党发展观变迁研究》（2008年版）立足于马克思主义的社会发展理论，借鉴西方发展理论成果，从历史的视角对中国共产党提出的关于中国社会发展理论的历史变迁进行梳理；以发展观为主线，提出了中国共产党发展观经历了新民主主义社会发展观、传统社会主义发展观、社会主义初级阶段发展观、可持续发展观、科学发展观五个历史阶段，力图勾画出中国共产党关于发展中国特色社会主义的理论脉络。二是对某一时期中国共产党社会发展理论的研究，刘家俊的《邓小平的发展观》（1998年版）从"发展才是硬道理"这一特定角度，以"发展观"作为主线，展开研究邓小平的理论及其实践；赵智奎的《邓小平社会发展战略》（1996年版）分析了邓小平社会发展理论的基本框架等；在科学发展观提出后，学界掀起了研究发展观的热潮，取得了诸多研究成果。如胡鞍钢的《中国：新发展观》（2004年版）分析了过去10年中国在践行科学发展观方面的有益探索、成效和不足，并对中国未来社会经济发展的方向、途径等提出了独到见解；金伟的《当代中国共产党人的发展观研究》（2011年版）以马克思主义关于发展的思想和党的中央领导集体对建设中国特色社会主义的理论实践为基本线索，全面、系统地阐述了科学发展观的实践基础、理论基础、科学内涵、精神实质、根本要求、理论贡献和实践指导意义，以及如何在全面建设小康社会的进程中深入贯彻实践科学发展观等重大问题。自2015年中国共产党十八届五中全会提出五大发展理念以来，新发展理念迅速成为学术界研究的重点，众多学者围绕新发展理念的生成逻辑、科学内涵、精神实质、价值意蕴等方面展开研究，取得了一批理论成果。相关有代表性的文章包括辛鸣的《论当代中国发展战略的构建》(《中国特色社会主义研究》2016年第1期),施芝鸿的《既有深刻的历史背景,又有理念亮点、理念红线和鲜明的逻辑——引领中国发展全局的五大发展理念》(《理论导报》2015年第11期),成龙的《"五大发展理念"精神实质探析》(《科学社会主义》2016年第1期),任理轩撰写的《关系我国发展全局的一场深刻变革——深入学习贯彻习近平同志关于"五大发展理念"的重要论述》(《人民日报》2015年11月4日),严书翰:《中国共产党社会发展理论的演进与创新——兼论习近平发展理念的科学内涵》(《人民论坛》2016年第3期),尹汉宁的《以多维视角认识把握五大发展理念》(《人民日报》2016年1月2日),顾海良的《新发展理念与当代中国马克思主义经济学的意蕴》(《中国高校社会科学》2016年第1期),等等。相关有代表性的著作有李培林主编的《坚持以人民为中心的新发展理念》(2018年版),阐述、概括和精炼了创新、协调、绿色、开放、共享的新发展理念的学理基础、逻辑主线及方法论,指出这是党和国家发展理念的与时俱进,是中国发展理念的又一次重大提升,是关系中国发展全局的一场深刻变革,是指引我们实现全面建成小康社会宏伟目标和今后相当长一个时期发展实践的行动指南;王立胜等的《新发展理念》(2021年版),从历史、理论、实践三个逻辑层面对新发展理念这个系统的理论体系的核心要义进行系统梳理和理论解读,通过对新发展理念的内涵、动力、目的、方式、路径、条件等的阐述,科学回答了创新发展、协调发展、绿色发展、开放发展、共享发展的具体内涵。三是对中国共产党不同时期发展理念的比较研究。代表著作有范燕宁、邱耕田等学者所著。《邓小平发展理论与科学发展观》(2004年版),从多个方面对邓小平发展理论与科学发展观进行了比较研究。这些研究成果从不同层面、不同角度对中国共产党社会发展理论进行分析研究，深化了对中国共产党社会发展理论的认知与把握。但是从目前的研究成果来看，从毛泽东时期开始对中国共产党社会发展理论的系统研究还不多见，特别是新发展理念提出以来，对中国共产党社会发展理论进行整体纵向的研究也不多。同时，对几代中国共产党人发展理念的内容及特征进行系统总结、归纳、提炼还有待进一步深入挖掘与研究。

3. 关于马克思社会发展理论与中国共产党社会发展理论相结合的研究

目前，理论界对于马克思社会发展理论与中国共产党社会发展理论相结合的研究代表性的成果包括：雷振扬在《马克思主义社会发展理论与中国社会发展问题研究》（2003年版）一文中全面地阐述了马克思主义关于社会发展的理论、深入地研究了我国的社会发展问题；徐鸿武在《马克思主义社会发展理论与中国特色社会主义》（《新视野》2009年第9期）一文中提出中国特色社会主义坚定不移地坚持社会主义的发展方向，又紧密结合中国国情，是对马克思主义人类发展规律理论的继承、创新与发展。除此之外，多数研究是从其中一个角度入手，或从马克思社会发展理论当代价值的角度对中国共产党的发展理念进行适当阐发；或从中国共产党社会发展理论的思想渊源角度对马克思社会发展理论进行适当梳理。通过对学术期刊网相关论文检索，目前已有多篇代表性文章对这一问题进行研究，分别是毛厚军《中国共产党对马克思主义社会发展理论创新研究》（西南大学硕士论文，2008年），梁斯的《用发展的办法解决前进中的问题——中国共产党人对马克思主义社会发展观的杰出贡献》（《理论探索》2005年第 5 期)，朱兴海的《马克思人的发展理论及中国共产党三代领导对其继承与发展》（兰州大学硕士论文，2008 年）等，这些著作和文章对马克思社会发展理论和中国共产党的发展思想进行了相关研究，但是这些研究基本上都是 2010 年之前的研究成果，对 2010 年之后，特别是党的十八大以来中国共产党社会发展理论的创新发展与马克思社会发展理论的研究，则更多侧重于对五大发展理念与马克思社会发展理论的研究，如史为磊的《论五大发展理念对马克思主义社会发展理论的新贡献》（《大连干部学刊》2016 年第 10 期），耿媛的《马克思主义社会发展理论与"五大发展理念"的契合》（《长春工程学院学报社会科学版》2016 年第 9 期），何思红和高静雅的《"五大理念"是对马克思主义社会发展理论的丰富和发展》（《理论与当代》2016 年第 4 期），赵兴华的《五大发展理念是马克思主义社会发展理论的最新成果》（《中共南昌市委党校学报》2016 年第 4 期），赵英红的《马克思东方社会发展理论研究——兼论中国现代化道路的理论自觉》（《中国地质大学学报》2021 年第 2 期）等。这些研究深化了对发展动力、发展平衡、发展载体、发展空间、发展目标的认识，在新的历史条件下进一步丰富和发展马克思主义社会发展理论，对构建中国特色社会主义发展理论具有一定的启示。

综上所述，目前理论界对于马克思社会发展理论完整、系统的总结梳理还不多见，特别是把马克思社会发展一般理论与马克思具体社会发展理论的综合研究相对薄弱，同时，将马克思社会发展理论与几代中国共产党人发展理念相结合的研究尚不够深入。总体说来，目前该领域的研究尚存在以下问题：关于马克思关于现代社会研究的思想资源研究较少；从非西方国家层面研究不够；缺乏比较完整的理论基础和研究方法；对马克思社会发展理论与中国共产党社会发展理论最新发展的结合研究还不够。针对以上问题，有待进行深入的历史考证、逻辑分析和实践确证，从而形成理论化系统化的研究成果。

三、研究的基本概念与基本问题

（一）基本概念

1. 发展

发展是一个具有丰富内涵的概念。《现代汉语词典》对"发展"的解释包括两个方面：①事物由小到大、由简单到复杂、由低级到高级的变化。②扩大（组织、规模等）。马克思主义哲学认为，发展是前进的上升的运动，其实质是新事物的产生旧事物的灭亡。发展可分为自然界的发展和人类社会的发展。本文所论述的发展专指人类社会的发展。

2. 发展理论

一般来讲，发展理论特指研究落后国家如何实现现代化的理论。发展理论最早起源于西方，以西方学者的研究为主。第二次世界大战后，西方学者掀起了研究发展中国家如何实现现代化的热潮，发展理论应运而生。从这一概念本身来讲，可以做狭义和广义的理解。狭义的发展理论主要指的是落后国家或发展中国家如何实现现代化的理论。广义的发展理论既包括发展中国家实现现代化的理论，也包括发达国家实现现代化的理论。本文所指的发展理论取其狭义的方面，主要研究以现代化理论、依附论、世界体系论为代表的发展理论。

3. 马克思社会发展理论

马克思社会发展理论是马克思主义理论的重要组成部分，特指马克思和恩格斯关于社会发展的理论和学说,即马克思的现代化理论。马克思社会发展理论主要包括两个层次:一是一般层次的社会发展理论,主要阐述社会发展的一般观点。二是马克思具体的社会发展理论,即以特定社会形态为研究对象的发展理论。这一层次的发展理论主要包括两个具体的社会形态,分别是现代社会即资本主义社会和东方社会(主要指印度、俄国等落后国家)。

4. 中国共产党社会发展理论

中国共产党社会发展理论是指在中国共产党成立以来,以毛泽东、邓小平、江泽民、胡锦涛、习近平为代表的中国共产党人在探索中国发展道路以实现现代化奋斗目标的过程中,形成关于如何实现中国发展的基本思想和基本观点。中国共产党社会发展理论是在马克思社会发展理论的指导下立足中国的现实国情,解决中国在发展中遇到的各种矛盾和问题的基础上提出来的,具有鲜明的中国特色。

(二)研究的基本问题

第一,中国的发展实践应该以什么理论为指导?这是中国共产党在推动发展过程中必须回答的问题。马克思社会发展的理论是中国共产党社会发展理论的深厚理论基础。我们通过梳理马克思社会发展理论的基本概念、基本内容和理论框架,挖掘马克思社会发展理论的思想资源,回应发展的理论指导问题,可以为中国共产党社会发展理论的构建提供重要的理论参考。

第二,起源于西方的发展理论缘何不能指导中国的发展实践?阐述西方发展理论的代表性观点及其评价,可以论证马克思社会发展理论与西方发展理论的本质区别,并简要分析西方发展理论难以指导我国发展实践的原因。

第三，中国共产党社会发展理论如何形成？其基本内容和主要特征有哪些？通过探讨中国共产党社会发展理论演进的历史和现实依据，系统总结梳理了毛泽东、邓小平、江泽民、胡锦涛、习近平为代表的中国共产党人推动中国共产党社会发展理论的历史演进及主要代表性观点，特别对习近平关于的发展重要论述进行重点分析。

第四，中国共产党社会发展理论与马克思社会发展理论的关系如何？中国共产党坚持马克思社会发展理论的科学指导，立足与中国实践相结合，形成了独具特色的发展理论。中国共产党的发展理论始终坚持以国家富强和人民幸福为发展目标，坚持中国特色社会主义发展道路，清醒把握中国所处的发展阶段，把改革开放作为社会发展的动力，坚持发展的人民主体地位，评价发展的最高标准是人民群众的满意度。中国共产党社会发展理论彰显马克思社会发展理论的方法论特征：继承性与创新性、整体性与系统性、问题导向和目标导向。

第五，中国发展实践的特殊性体现在哪里？通过对中国共产党社会发展理论指导下资源枯竭型城市发展的个案进行分析研究。通过个案分析阐述中国发展问题的特殊性，论证马克思社会发展理论指导下构建中国特色社会主义发展理论以指导中国发展实践的紧迫性。

第六，中国共产党社会发展理论创新发展的过程中积累了哪些经验与启示？马克思社会发展理论指导下中国共产党社会发展理论创新发展的启示。试图凝练中国共产党社会发展理论形成和发展过程中，积累的重要经验和启示，主要包括中国的发展必须始终坚持中国共产党的领导，坚持中国特色社会主义的发展方向，坚持马克思社会发展理论的科学指导，坚持人民群众的主体地位，坚持在实践总结中进行理论创新，坚持以世界眼光推进中国发展。

第一章

马克思社会发展理论：中国共产党社会发展理论的理论基础

马克思社会发展理论，特指马克思和恩格斯关于社会发展的理论和学说，即马克思和恩格斯的现代化理论，它是马克思主义理论的重要组成部分。马克思社会发展理论主要包括两个层次的内容：一是一般层次的社会发展理论，主要阐述社会发展的一般观点；二是具体的社会发展理论，即以特定社会为研究对象的发展理论。这一层次的发展理论主要包括两个具体的社会形态，分别是现代社会（即资本主义社会）及东方社会（主要指印度、俄国等落后国家）。马克思运用社会发展的一般理论对具体的社会形态进行了具体深入的分析：一是以现代资本主义社会为主要研究对象，深入剖析了资本主义社会的运行规律，揭示了现代资本主义社会的历史地位及未来的发展趋势；二是深入分析了印度、俄国等东方社会历史条件和社会结构的特殊性，揭示了人类社会发展道路的多样性。

第一节 马克思社会发展的一般理论

一、社会发展动力论

社会发展动力论是马克思社会发展理论的核心内容。对于社会发展的动力，存在众多理论学派，不同学派所持观点不同，如社会发展外部动力学派认为应该从外部寻找社会发展的动力，社会发展单一动力学派认为社会发展是某一种动力作用的结果。与这些学派不同，马克思侧重于从社会内部寻找社会发展的动力，他认为社会发展是诸多因素共同发挥作用的结果。同时，马克思还认为诸多因素在推动社会发展中的作用不是并列的，其中生产力和生产关系的矛盾运动是社会发展的根本动力，在推动社会发展过程中起着决定性作用。

（一）社会发展的首要前提是人类的物质生活需要

马克思和恩格斯深刻指出："人们奋斗所争取的一切，都同他们的利益有关。"① 马克思认为，人类生存的首要前提是必须首先满足吃、穿、住、行等基本生活需要，但自然界直接存在的形态不能满足人的需要，人类要生存，首先必须进行物质生产，通过物质生产活动生产出自己所需的物质产品。因此，人类的第一个历史活动也是每日每时必须进行的基本活动，就是直接物质生活条件的生产与再生产。"人们为了能够创造历史，必须能够生活。但是为了生活，首先就要

---

① 马克思，恩格斯．马克思恩格斯选集（第1卷）[M]．北京：人民出版社，1995：9.

衣、食、住以及其他东西。因此第一个历史活动就是生产满足这些需要的资料,即生产物质生活本身。同时这也是人们仅仅为了能够生活就必须每日每时都要进行的(现在也和几千年前一样)一种历史活动,即一切历史的基本条件。……因此,任何历史观的第一件事情就是必须注意上述基本事实的全部意义和全部范围,并给予应有的重视。"① 马克思同时指出,人的物质生活需要不是固定不变的,而是日益增长的。随着生产力的发展和生活条件的改善,当原来的需要得到满足之后,又会进一步产生新的需要。"已经得到满足的第一个需要本身,满足需要的活动和已经获得的为满足需要用的工具又引起新的需要。这种新的需要的产生是第一个历史活动。"② 原来的需要不断得到满足和新的需要不断产生的循环往复过程,不断推动物质生产的进行,构成了社会发展的首要前提和源动力。

(二) 生产方式的矛盾运动是社会发展的基本动力

马克思认为,生产力和生产关系的矛盾运动是社会发展的基本动力,推动着人类社会不断向前发展。生产力随着人类物质生活需要的发展和生产条件的改变,不断发展进步。当生产力发展到一定程度的时候,原有的生产关系对生产力的反作用,由最初的推动作用,变成了阻碍作用,这时生产力要继续发展,就需要变革原有的生产关系,为生产力的发展扫清障碍,使原有的生产关系发生改变。随着生产关系的改变,人们的社会关系也会发生改变。"社会的物质生产力发展

---

① 马克思,恩格斯. 马克思恩格斯全集(第3卷)[M]. 北京:人民出版社,1960:31-32.
② 马克思,恩格斯. 马克思恩格斯全集(第3卷)[M]. 北京:人民出版社,1960:32.

到一定阶段便同他们一直在其中活动的现存生产关系或财产关系发生矛盾。于是这些关系便由生产力的发展形式变成生产力的桎梏。那时社会革命的时代就到来了。随着经济基础的变更，全部庞大的上层建筑也或慢或快的发生变革。……手推磨产生的是封建主的社会，蒸汽磨产生的是工业资本家的社会。"① 因此，正是生产力与生产关系处在不断地矛盾运动中，人类社会才会由低级到高级不断运动变化，向前发展。

（三）阶级斗争是阶级社会发展的直接动力

《共产党宣言》（1883年德文版）序言指出，"（从原始土地公有制解体以来）全部历史都是阶级斗争的历史"②。自从原始公有制解体以来，人类便进入阶级社会。在阶级社会中，社会基本矛盾主要体现为阶级矛盾和阶级斗争。其中，经济利益是一切阶级斗争产生的根本原因。对本阶级经济利益的追求，导致阶级之间必然产生矛盾。"当文明一开始的时候，生产就开始建立在级别、等级和阶级的对抗上，最后建立在积累的劳动和直接的劳动的对抗上。没有对抗就没有进步。这是文明直到今天所遵循的规律。到目前为止，生产力就是由于这种阶级对抗的规律而发展起来的。"③ 在阶级社会，阶级斗争是生产力与生产关系、经济基础和上层建筑之间的矛盾运动的表现形式。"一切重要历史事件的终极原因和伟大动力是社会的经济发展，是生

---

① 马克思，恩格斯. 马克思恩格斯选集（第1卷）[M]. 北京：人民出版社，1995：142.
② 马克思，恩格斯. 马克思恩格斯选集（第1卷）[M]. 北京：人民出版社，1995：252.
③ 马克思，恩格斯. 马克思恩格斯全集（第4卷）[M]. 北京：人民出版社，1958：104.

产方式和交换方式的改变,是由此产生的社会之划分为不同的阶级,是这些阶级彼此之间的斗争。"① "自从原始公社解体以来,组成为每个社会的各阶级直接的斗争,总是历史发展的伟大动力。"② 当阶级斗争发展到一定程度的时候,现有的社会关系无法对阶级矛盾进行调和的时候,必然会引起社会革命。通过革命的手段使阶级利益重新获得分配,从而使社会形态发生改变,因此,革命是社会形态变革的决定性环节。通过革命推动建立新的生产关系,以促进生产力的发展。因此,马克思认为"革命是历史发展的火车头"③。

(四) 生产力是社会发展的最终决定力量

马克思认为,社会发展是各种因素的相互作用共同推动的结果。但无论是推动生产方式矛盾运动,还是阶级斗争的产生,以及革命的爆发,其根源都是现实的生产力的发展引起的。因此,在推动社会发展各种因素的相互作用中,具有决定性作用的因素是生产力。社会发展由阶级斗争直接推动,生产力发展所引起的经济利益的冲突是阶级斗争产生的根源,阶级斗争的目的和任务是为生产力发展扫清障碍、开辟道路。1892年,恩格斯在《社会主义从空想到科学的发展》英文导言中表示,历史唯物主义认为:"一切重要历史事件的终极动因和伟大动力是社会的经济发展、生产方式和交换方式的改变,由此产生

---

① 马克思,恩格斯. 马克思恩格斯选集(第3卷)[M]. 北京:人民出版社,1995:704-705.
② 马克思,恩格斯. 马克思恩格斯全集(第22卷)[M]. 北京:人民出版社,1965:560.
③ 马克思,恩格斯. 马克思恩格斯选集(第1卷)[M]. 北京:人民出版社,1995:456.

的社会之划分为不同的阶级，以及这些阶级彼此之间的斗争。"① 因此，在推动社会发展的诸多因素中，最原始的、最有决定性的因素就是经济因素。

（五）历史合力论

马克思认为社会作为一个复杂的有机体，其发展很难归结为一种或几种因素，而是各种因素相互作用的结果。当然，在诸多因素中，经济因素是最基本、最优决定性的因素。马克思认为，历史是人们活动的历史，人在活动对象面前是主动创造的。马克思和恩格斯在这个问题上的观点是完全一致的。恩格斯在论述社会发展的合力论思想时指出："无论历史的结局如何，人们总是通过每一个人追求他自己的、自觉预期的目的来创造他们的历史，而这许多按不同方向活动的愿望及其对外部世界的各种各样作用的合力，就是历史。"② 马克思和恩格斯都认为经济因素是社会发展的决定性因素，但是他们从没说过经济因素是社会发展的唯一决定性因素，凡是认为马克思是经济因素唯一决定论者的观点都是对马克思和恩格斯观点的歪曲和误读。同时，人们在特定的前提和条件下进行创造历史，并不是随心所欲的，其中起决定作用的是经济前提，其他的因素，如政治因素、观念因素、文化因素等虽然不起决定性作用，但也对历史的发展具有一定的影响。同时，历史的创造是许多单个意志相互冲突作用的结果，形成"无数个

---

① 马克思，恩格斯．马克思恩格斯选集（第3卷）[M]．北京：人民出版社，1995：704-705.
② 马克思，恩格斯．马克思恩格斯选集（第4卷）[M]．北京：人民出版社，1995：248.

力的平行四边形"①,共同推动人类历史的发展。

二、社会历史发展规律论

马克思认为,和自然界的运动一样,社会历史运动也有自身规律。与历史唯心主义不同,马克思认为社会存在决定社会意识,而非社会意识决定社会存在。马克思对黑格尔法哲学所进行的批判表明:理解人类历史的钥匙,不在作为上层建筑的国家之中,而存在于"市民社会"当中,必须到人类社会的"物质的生活关系的总和"②中去寻找。

(一)社会本质上是人的活动

社会是由人组成的,因此考察社会历史不能离开人及其活动。人的本质是一切社会关系的总和。马克思指出,"社会——不管其形式如何——究竟是什么呢?是人们交互作用的产物"③,"生产关系总合起来就构成所谓社会关系,构成所谓社会"④。现实的人是历史的前提。人的活动是能动性和受动性的统一。人类的目的性活动突出地表现为人所特有的主观能动性,这是人类生命活动区别于动物生命活动的根本特征。人的主动性表现为不是对周围环境的消极反应和被动适应,而是不断突破原有的外在限制求得积极生存,同时在既定环境和条件下,根据自身目的和水平做出选择,以满足自身需要,同时还能

---

① 马克思,恩格斯.马克思恩格斯选集(第4卷)[M].北京:人民出版社,1995:695-697.
② 马克思,恩格斯.马克思恩格斯选集(第2卷)[M].北京:人民出版社,1995:32.
③ 马克思,恩格斯.马克思恩格斯选集(第4卷)[M].北京:人民出版社,1995:532.
④ 马克思,恩格斯.马克思恩格斯文集(第1卷)[M].北京:人民出版社,2009:724.

够克服不利条件，创造有利条件，使事物朝着有利于自身目的的方向发展。同时，人的主动性的发挥不是随心所欲的，而是受到一定历史条件的制约。自然条件、社会生产方式和既有的意识形态、文化传统等，以不同的方式对人的历史活动起着重要的作用。其中社会生产方式在根本上制约着人的历史活动的性质和方向。"历史的每一阶段都遇到一定的物质结果，一定的生产力总和，人对自然以及个人之间历史地形成的关系，都遇到前一代传给后一代的大量生产力、资金和环境，尽管一方面这些生产力、资金和环境为新的一代所改变，但另一方面，它们也预先规定新的一代本身的生活条件，使它得到一定的发展和具有特殊的性质。"[①] 尽管新的一代会对这些条件做出相应的改变，但是这些条件是预先规定的，新一代的生活条件只能在这种预先规定的基础上展开。在此基础上，马克思正确地解决了人的活动与其历史条件的关系问题。正如马克思所说，"环境的改变和人的活动或自我改变的一致，只能被看作是并合理地理解为革命的实践"[②]。

（二）社会的发展是一个自然历史过程

马克思的研究表明，决定人们思想动机的是物质利益或经济关系。经济关系是人们为了解决物质生活问题而从事的生产以及在生产中结成的关系。在这种经济关系中，社会生活的重复性和常规性突出地表现出来。马克思指出："我的观点是，社会经济形态的发展是一种自然历史过程。不管个人在主观上怎样超脱各种关系，他在社会意

---

① 马克思，恩格斯. 马克思恩格斯选集（第1卷）[M]. 北京：人民出版社，1995：92.
② 马克思，恩格斯. 马克思恩格斯选集（第1卷）[M]. 北京：人民出版社，1995：55.

义上总是这些关系的产物。"① 马克思强调社会发展的自然史过程,就是指社会历史运动存在着与自然运动相似的,不以人的意志为转移的客观规律。社会历史虽然是在人的社会实践中创造的,但也并不是人随心所欲创造的,而是在现有的生产力水平上进行创造的。不管人的主观愿望如何,社会历史的发展是不以人的主观意志为转移的。列宁曾经指出,"只有把社会关系归结于生产关系,把生产关系归结于生产力的水平,才能有可靠的根据把社会形态的发展看作自然历史过程。不言而喻,没有这种观点,也就不会有社会科学"②。马克思强调社会历史和自然历史一样服从于同一规律,像自然过程一样进行。

（三）社会历史发展具有内在规律性

人类社会的历史和自然界的发展一样有其客观的内在规律。这些规律不仅不以人的意志为转移,反而决定人的意志。"人们自己创造自己的历史,但他们并不是随心所欲地创造,并不是在自己选定的条件下创造,而是在直接碰到的、从过去继承下来的条件下创造。"③"人们不能自由选择自己的生产力——这是他们的全部历史的基础,因为任何生产力都是一种既得的力量,以往的活动的产物。"④ 历史规律是在人的实践活动中形成的,并通过人的实践活动表现出来,又反过来支配人的活动。也就是说,自然发展史的动力全是盲动、无意识

---

① 马克思,恩格斯. 马克思恩格斯选集（第2卷）[M]. 北京：人民出版社,1995：101-102.
② 列宁. 列宁全集（第1卷）[M]. 北京：人民出版社,1984：110.
③ 马克思,恩格斯. 马克思恩格斯选集（第2卷）[M]. 北京：人民出版社,1995：33.
④ 马克思,恩格斯. 马克思恩格斯全集（第4卷）[M]. 北京：人民出版社,1972：321.

的动力，自然的发展结果是没有预期、没有目的的过程。而在社会历史领域，所有的活动都是人类有意识的、有目的的活动。虽然人类的活动存在千差万别，预期的目的和活动结果也很少实现，或者有些目的一开始就是实现不了的，或者是不具备实现这些目的的条件，甚至有可能出现事与愿违的情况，社会历史活动仿佛是充满偶然性的。但是偶然性只是必然性的表现形式，这些偶然性的事件都受内在一般规律的支配，关键在于发现这些规律。当然，对历史规律的探索和认识并不意味着人能够跳过或取消这样的规律。但是人类认识了历史规律以后，就可以依靠、利用规律来达到自己的目的。也就是说，"一个社会即使探索到了本身运动的自然规律，它还是既不能跳过也不能用法令取消自然的发展阶段。但它能缩短和减轻分娩的痛苦"①。

三、社会有机体理论

把社会比作活的有机体并非马克思的首创。在马克思之前，康德、黑格尔及空想社会主义者都提出过社会有机体的相关论述。但是马克思克服了历史唯心主义和机械论的缺陷，对社会机体进行了历史唯物主义的科学分析。1847年，马克思在《哲学的贫困》中，提出了"社会机体"的概念，他指出："谁用政治经济学的范畴构筑某种理念体系的大厦，谁就把社会体系的各个环节割裂开来，就是把社会的各个环节变成同等数量的依次出现的单个社会。其实，单凭运动、顺序和时间的唯一逻辑公式怎能向我们说明一切关系在其中同时存在而又互

---

① 马克思，恩格斯. 马克思恩格斯选集（第2卷）[M]. 北京：人民出版社，1995：101-102.

相依存的社会机体呢?"① 马克思在《资本论》序言中指出,"社会不是坚实的结晶体,而是一个能够变化并且经常处于变化过程中的有机体"。② 这是马克思深入剖析资本主义社会有机体之后得出的重要结论。

(一) 社会有机体是由多种要素构成的有机统一整体

马克思认为,社会是一个由诸多要素组成的复杂的有机系统。首先,构成社会有机体的最基本的因素是自然环境和人口因素。自然环境是人生存和发展的前提条件,"人靠自然界生活。这就是说,自然界是人为了不致死亡而必须与之处于持续不断的交互作用过程的、人的身体"③。其中,自然指的是人化自然,即已经被人类实践活动改造过,打上了主体意志烙印的自然。人通过实践改造自然,实现自然人化。自然人化的过程与社会形成和发展的过程是同一的。人们在从事物质生产改造自然的同时,也形成、创造和改造着自己的社会联系和社会关系。没有人与人之间的社会关系,就不可能有人与自然之间的现实关系。生产力和生产关系之间、经济基础和上层建筑之间作用与反作用的关系是在以上两种关系中派生出来的,这些关系共同构成了复杂的社会有机体。"人们在自己生活的社会生产中发生一定的、必然的、不以他们的意志为转移的关系,即同他们的物质生产力的一定发展阶段相适应的生产关系。这些生产关系的总和构成社会的经济结

---

① 马克思,恩格斯. 马克思恩格斯全集(第1卷)[M]. 北京:人民出版社,1995:143.
② 马克思,恩格斯. 马克思恩格斯选集(第2卷)[M]. 北京:人民出版社,1995:102.
③ 马克思,恩格斯. 马克思恩格斯文集(第1卷)[M]. 北京:人民出版社,2009:519.

构，即有法律的和政治的上层建筑竖立其上并有一定的社会意识形式与之相适应的现实基础。"① 其次，社会有机体是由各种要素构成的，同时构成社会有机体的各种因素之间存在着复杂的关系，各种因素并不是简单的堆积、机械的累加、单一的拼凑，而是存在着相互影响、相互作用的有机整体。"不同要素之间存在着相互作用。每一个有机整体都是这样。"② 第三，社会有机体的各个要素之间既相对独立，又紧密联系、相互依存，任何一个分系统或要素都不能脱离整体或其他分系统或要素独立发挥作用，只有各个要素和环节协调发展，社会有机体才能够健康有序运行。

（二）社会有机体的发展是自然历史过程和人类主体活动的统一

马克思认为，自然界的发展具有客观规律，社会有机体的发展也具有客观规律。社会有机体虽然不是现成的产物，是由人的物质生产活动创造的，但也不是人们根据主观意愿随意创造的产物，而是在已有的社会条件下进行创造的产物。为了生存与发展，社会有机体同生物有机体一样，必须同自然界不断进行物质和能量交换，促进自身新陈代谢。此外，由于社会有机体不是天然存在的，它的形成与人的活动密切相关，是人类有意识有目的的主体活动中创造出来的，打上了人类主体活动的烙印。因此，社会有机体的发展变化过程又不完全与自然界的发展变化过程相同。人类主体活动必须善于认识和把握社会

---

① 马克思，恩格斯. 马克思恩格斯选集（第2卷）[M]. 北京：人民出版社，1995：82.
② 马克思，恩格斯. 马克思恩格斯全集（第46卷上）[M]. 北京：人民出版社，1979：37.

有机体发展变化的规律,才能更好地促进社会有机体的良性健康发展。人类把握社会有机体的规律,并不能消灭或是跳过这些规律,但是能够减轻人类活动的痛苦和代价。

(三) 社会有机体是不断发展进步的

马克思认为,社会有机体和生物有机体一样,不是静止不动的,而是处在不断的发展变化之中。对于社会有机体不断变化、发展、进步,马克思是从人类社会发展的总体趋势来把握的。人类社会发展的总趋势就是从低到高不断发展的过程,虽然发展的过程不是一帆风顺,在某一特定阶段,可能存在暂时的停顿与倒退,但是从总体上看,这一发展趋势是不断发展进步的。与此同时,马克思认为,人类社会的每一个具体阶段的社会有机体也不是静止不变的,都有其产生、发展和灭亡的过程,原始社会、奴隶社会、封建社会、资本主义社会,每一种社会形态的有机体都是如此,概莫能外。"一切依次更替的历史状态都只是人类社会由低级到高级的无穷发展进程中的一些暂时阶段。每一阶段都是必然的,因此,对它发生的那个时代和那些条件说来,都有它存在的理由;但是对它自己内部逐渐发展起来的新的、更高的条件来说,它就变成过时的和没有存在的理由了;它不得不让位于更高的阶段,而这个更高的阶段也要走向衰亡和灭亡。"[1] 社会有机体的发展运动表明,每一种社会形态都不是永恒的,资本主义社会也不例外,它也是人类社会有机体发展的一个具体阶段,对于封建社会来说,它是进步的,是新的、更高的社会有机体,但是随着其内部的

---

[1] 马克思,恩格斯. 马克思恩格斯选集(第 1 卷)[M]. 北京:人民出版社,1995:217.

矛盾运动，资本主义社会也终将走向衰落，被新的、更高的社会有机体所代替，社会有机体运动变化发展的过程揭示了资本主义制度的历史暂时性。

四、社会发展形态论

马克思根据社会生产力的发展水平和所有制形式对人类社会的发展阶段进行了划分，形成了马克思的社会形态理论。这一理论一直备受关注，争论很多，其中影响较大的就是社会发展的"五形态说"和"三形态说"。

（一）社会发展"五形态说"

在《德意志形态》一文中，马克思和恩格斯认为，"一个民族的生产力发展的水平，最明显地表现在该民族分工的发展程度。……分工发展的各个不同阶段，同时也就是所有制的各种不同形式。……第一种所有制形式是部落所有制"①，"第二种所有制形式是古典古代的公社所有制和国家所有制"②，"第三种形式是封建的或等级的所有制"③。在这篇文章中，马克思、恩格斯首次提出社会发展形态的观点。在这里，马克思、恩格斯明确地提出了三种所有制形式：部落所有制、古典古代的公社所有制和国家所有制、封建的或等级的所有制。此外，加上马克思所批判的资本主义所有制，以及未来社会的共产主

---

① 马克思，恩格斯. 马克思恩格斯选集（第1卷）[M]. 北京：人民出版社，1995：68.
② 马克思，恩格斯. 马克思恩格斯选集（第1卷）[M]. 北京：人民出版社，1995：69.
③ 马克思，恩格斯. 马克思恩格斯选集（第1卷）[M]. 北京：人民出版社，1995：70.

义所有制，便构成了马克思关于社会发展的"五形态说"。五种所有制对应五种社会形态，分别是原始社会、奴隶社会、封建社会、资本主义社会、社会主义社会（共产主义社会的低级阶段）。马克思在《〈政治经济学批判〉序言》中高度概括地指出："大体说来，亚细亚的、古代的、封建的和现代资产阶级的生产方式可以看作是社会经济形态演进的几个时代。"他同时强调："资产阶级的生产关系是社会生产过程的最后一个对抗形式。"① 马克思认为，在人类社会总体历史上，表现为这五种社会形态的依次更替，这是社会的"自然的发展阶段"。在这里，马克思将生产资料所有制作为划分社会形态的主要标志。

（二）社会发展"三形态说"

与社会发展"五形态说"不同，马克思社会发展"三形态说"是从人的解放程度出发对社会形态进行划分的。社会形态三阶段发展理论是马克思在《经济学手稿》（1857—1858）年中提出来的："人的依赖关系（起初完全是自然发生的），是最初的社会形态，在这种形态下，人的生产能力只是在狭窄的范围内和孤立的地点上发展着。以物的依赖性为基础的人的独立性，是第二大形态，在这种形态下，才形成普遍的社会物质变换，全面的关系，多方面的需求以及全面的能力的体系。建立在个人全面发展和他们共同的社会生产能力成为他们的社会财富这一基础上的自由个性，是第三阶段。第二个阶段为第三个

---

① 马克思，恩格斯. 马克思恩格斯选集（第2卷）[M]. 北京：人民出版社，1995：33.

阶段创造条件。"① 也就是人的依赖形态、物的依赖形态、人的全面发展形态。社会发展"三形态说"是对"五形态说"的进一步丰富和发展，"五形态说"划分社会发展阶段的主要标准是所有制形式，"三形态说"划分社会形态的标准不是所有制形式，而是根据社会活动的主体——人的解放程度来划分社会发展阶段的。人的解放程度越高，说明社会形态越先进。

社会形态理论是马克思从人类社会发展的总趋势对人类社会发展进程做出的高度概括。但是，对于这一学说，我们不能教条式地加以理解，不能因此得出结论：任何国家的发展都必须依次经过这几个不同的发展阶段。事实上，根据马克思的研究方法及其后期的相关著作，不难发现，马克思一方面揭示了人类社会发展的一般规律，同时也没有否定具体民族发展道路的多样性。应该明确社会形态更替的统一性往往通过各个民族发展道路的特殊性表现出来，社会发展的一般规律与不同民族在发展秩序上的独特性并不矛盾。有些民族在特定的历史条件下可以跨越一种甚至几种社会形态而跳跃式地向前发展，从而走向更高级的社会形态，这种现象在人类历史上也是经常出现的。例如，罗马帝国的发展就表现出跳跃性。罗马帝国在被西欧的日耳曼民族征服之后，越过奴隶制的发展阶段，从原始社会直接走向封建社会。但是也应该看到，社会形态的跨越是有条件的。历史上看，世界上已经存在着更先进的社会形态，是一个民族跨越一定的社会形态必不可少的条件。也就是说，如果不是因为世界上已经存在封建社会形态，罗

---

① 马克思，恩格斯．马克思恩格斯全集（第46卷上）［M］．北京：人民出版社，1972：104．

马帝国是不可能跨越奴隶社会而直接进入封建社会的。正如马克思和恩格斯指出,"封建制度绝不是现成地从德国搬去的。它起源于征服者在进行征服时军队的战时组织,而且这种组织只是在征服之后,由于在被征服国家内遇到的生产力的影响才发展为真正的封建制度的"①。所以,马克思认为,如果"一定要把我关于西欧资本主义起源的历史概述彻底变成一般发展道路的历史哲学理论,一切民族,不管他们所处的历史环境如何,都注定要走这条道路,……他这样做,会给我过多的荣誉,同时也会给我过多的侮辱"②。

五、世界历史理论

在《德意志意识形态》一文中,马克思已经基本形成了其独特的世界历史理论。马克思的"世界历史"不是一般意义上的世界历史,而是一个特定的概念,特指16世纪人类进入资本主义社会以来,随着大工业的发展,资产阶级在全世界范围内开辟原料供应地和商品倾销地,人类历史开始由地域史向世界史转变。随着这个转变,"各个相互影响的活动范围在这个发展进程中愈来愈扩大,各民族的原始闭关自守状态则由于日益完善的生产方式、交往以及因此自发地发展起来的各民族之间的分工而消灭得愈来愈彻底,历史也就在愈来愈大的程度上成为全世界的历史"③。世界历史理论是马克思社会发展理论非常

---

① 马克思,恩格斯. 马克思恩格斯选集(第1卷)[M]. 北京:人民出版社,1995:126.
② 马克思,恩格斯. 马克思恩格斯全集(第19卷)[M]. 北京:人民出版社,1963:130.
③ 马克思,恩格斯. 马克思恩格斯选集(第1卷)[M]. 北京:人民出版社,1995:89.

重要的一个学说,特别是在今天全球化成为不可逆转的时代潮流的背景下,更是凸显了马克思世界历史理论惊人的洞察力。

(一) 世界历史形成的原因是现实的物质生产

世界历史的思想最初是由黑格尔提出来的,但是黑格尔将世界历史的形成和发展归结为"绝对精神"的神秘作用。与黑格尔不同,马克思认为,"历史向世界历史的转变,不是'自我意识'、宇宙精神或者某个形而上学怪影的某种纯粹的抽象行动,而是完全物质的、可以通过经验证明的行动,每一个过着实际生活、需要吃、喝、穿的个人都可以证明这种行动"。也就是说,世界历史由现实的物质生产决定的,而不是精神和意识的作用。马克思的这一结论与他对资本主义社会的深入剖析密切相关。人类进入资本主义社会以来,资产阶级为了追逐利润,奔走于全世界,使人们建立起普遍的交往。"它(大工业)首次开创了世界历史,因为它使每个文明国家以及这些国家中的每一个人的需要的满足都依赖于整个世界,因为它消灭了各国以往自然形成的闭关自守的状态。它使自然科学从属于资本,并使分工丧失了自己自然形成的性质的最后一点假象。它把自然形成的性质一概消灭掉,只要在劳动的范围内有可能做到这一点,它并且把所有自然形成的关系变成货币的关系。……大工业到处造成了社会各阶级间大致相同的关系,从而消灭了各民族的特殊性。"① 因此,世界历史的形成,根本不是"绝对精神"的神秘作用,而在于现实的物质生产。也就是说,资本主义的生产方式促使人类历史向世界历史转化,资产阶级开

---

① 马克思,恩格斯. 马克思恩格斯选集(第 1 卷)[M]. 北京:人民出版社,1995:114.

辟了人类社会进入世界历史的新时代。

（二）世界历史着眼于全人类的历史

在世界历史的视野上，与黑格尔的"日耳曼"中心论不同，马克思着眼于全人类。在马克思看来，在资本主义社会以前，人类社会处于相对封闭的状态。资本主义生产关系建立以后，资产阶级奔走于全世界，促使各民族在交往中互相影响，互相渗透，最终走上相同或相近的发展道路。同时，世界历史的形成为未来社会奠定了基础。马克思终生为之奋斗的全人类解放和共产主义事业不是地域性的，而是全人类的。世界历史的形成为全人类的解放事业准备了历史前提。同时，在马克思看来，世界历史不是某一个国家或民族单独推动的，而是世界范围内一系列的资产阶级革命共同推动的，而某一国家资产阶级革命的发生，也是世界体系相互作用的结果。马克思曾指出，"1648年革命和1789年革命，并不是英国的革命和法国的革命……这两次革命不仅反映了它们发生的地区即英法两国的要求，而且在更大程度上反映了当时整个世界的要求"[①]。

（三）世界历史是"一"与"多"的统一

马克思认为，随着历史转变为世界历史，许多东方国家受到西欧国家的冲击，将会走上资本主义道路。但是马克思并不认为所有国家的发展都要遵循相同的发展方式。随着国家与民族之间的交往冲破狭隘的地域而走向广泛的世界交往，每个国家作为世界体系的一部分，其发展过程必然受到世界体系的影响，在世界体系的框架下参照世界

---

① 马克思，恩格斯. 马克思恩格斯选集（第1卷）[M]. 北京：人民出版社，1995：318.

历史的发展来规划本国的发展，学习借鉴别国的经验。因此，马克思曾指出，"工业较发达的国家向工业较不发达的国家所显示的，只是后者未来的景象"①。当然，这种"未来的景象"不是照搬别国模式，而是在这种"景象"中寻找适合自己的发展方式和道路。例如，马克思针对俄国提出的"跨越卡夫丁峡谷"问题，也是在历史转变成世界历史的条件提出来的，换言之，世界历史的形成是俄国可以实现跨越的必要条件。

六、社会发展评价理论

对于如何评价社会发展存在各种各样的标准，由于立场不同，得出的结论也迥然不同。有人认为社会发展是历史的进步，有人认为它是历史的倒退，也有人认为每一个时代都是一个循环往复的过程，无所谓进步与倒退。当今时代，随着中西文化的交流碰撞，历史虚无主义思潮泛起，经常有人把某个时代包装成所谓的"黄金时代"大肆渲染和兜售，在这样的历史背景下，研究马克思社会发展理论的评价标准具有十分重要的现实意义。与历史进步的悲观主义、怀疑主义相比，马克思对人类的发展前途始终充满信心。马克思对人类发展前途的信心并不是盲目乐观，而是建立在对人类社会历史规律的深刻理解与把握的基础之上。马克思认为社会进步的标准绝不是可以主观臆断的，绝不能到人的精神领域去寻找，而应该到决定整个社会生活的物质生产领域去寻找。在物质生产领域中，生产力是社会发展的最终决定力量，因此，生产力标准是评价社会发展进步的历史尺度。同时，生产

---

① 马克思，恩格斯. 马克思恩格斯全集（第23卷）[M]. 北京：人民出版社，1972：8.

力发展的最终目的是人的发展,因此,人的解放程度是评价社会进步的价值尺度。

(一)生产力标准是判断社会发展进步的历史尺度

马克思指出,"各种经济时代的区别,不在于生产什么,而在于怎样生产,用什么劳动资料生产"[①]。生产力是社会发展的决定因素,生产力的发展程度代表着社会的发展进步程度。因此,衡量历史是否进步,不能从抽象的精神出发加以判断,也不能从个别领域的某些现象出发加以判断。判断社会发展进步的尺度,归根结底要看它是否促进了生产力的发展,在多大程度促进了生产力的发展。对于一个时代来说,虽然在某些方面表现出暂时的繁荣状态,但是如果没有生产力的发展,没有人们物质生活条件的改善,这样的社会难以称得上发展进步的时代,更不可能是所谓的"黄金时代"。

(二)人的解放程度是评价社会发展进步的价值尺度

马克思认为,评价社会进步与否,生产力的发展是决定性的标准,但是生产力并不是社会进步的唯一标准,社会的发展进步最终要落实到人的全面发展上。在历史发展的过程中,应该是人的需要和人的追求不断实现和满足的过程。因此,马克思将束缚人的发展的资本主义私有制及其不合理的社会关系和社会制度作为终生批判的对象,将实现了人的全面自由发展的共产主义社会作为毕生的追求。马克思认为,只有到了未来共产主义社会,支配人的异己力量才会消失,每个人的自由发展成为一切人自由发展的条件。"只有从这时起,人们才

---

① 马克思,恩格斯. 马克思恩格斯全集(第23卷)[M]. 北京:人民出版社,1972:204.

完全自觉地自己创造自己的历史,只是从这时起,由人们使之起作用的社会原因才大部分并且越来越多地达到他们所预期的结果。这是人类从必然王国进入自由王国的飞跃。"①

(三) 坚持历史尺度与价值尺度的辩证统一

对社会历史的进步的评价,要坚持历史尺度和价值尺度的辩证统一,而不能将两者分割开来。一方面,从总的历史发展趋势看,历史尺度与价值尺度是一致的。随着社会生产力发展水平的不断提高,必然带来人的逐步解放。另一方面,从特定历史阶段看,历史尺度与价值尺度也存在不一致的情况,具体表现为从生产力的方面看是合理的,从人的发展看可能是不合理的,相反的情况也存在。比如资本主义制度就存在着历史尺度与价值尺度不一致的情况,一方面资本主义制度带来了生产力的巨大发展,另一方面又造成人性的严重扭曲。马克思认为,这种矛盾的产生是由于生产有了一定的发展但发展还不够充分造成的,人类社会就是在这种矛盾中不断前进的,只有未来共产主义社会才能实现这二者的有机统一。

第二节 马克思关于现代资本主义社会的发展理论

马克思社会发展理论涉及整个人类社会的发展,但重点是资本主义社会的发展。列宁指出,"马克思的全部理论,就是运用最彻底、

---

① 马克思,恩格斯. 马克思恩格斯选集(第3卷)[M]. 北京:人民出版社,1995:758.

最完整、最周密、内容最丰富的发展论去考察现代资本主义。自然，他也就要运用这个理论去考察资本主义即将到来的崩溃和未来共产主义的未来的发展"。① 关于现代资本主义社会的理论是马克思社会发展理论的重要内容。

一、资本主义社会的历史地位

马克思和恩格斯终生致力于批判资本主义制度，但是谁都没有像他们那样给了资产阶级如此高度的历史评价。马克思对现代社会的剖析主要是通过其批判理论实现的，在批判的过程中充分肯定了资本主义制度的历史地位。

（一）资产阶级创造了巨大的生产力

《共产党宣言》指出："资产阶级在它的不到一百年的阶级统治中所创造的生产力，比过去一切世代创造的全部生产力还要多，还要大。自然力的征服，机器的采用，化学在工业和农业中的应用，轮船的行驶，铁路的通行，电报的使用，整个大陆的开垦，河川的通航，仿佛用法术从地下呼唤出来的大量人口，——过去哪一个世纪料想到在社会劳动里蕴藏有这样的生产力呢？"② 马克思认为，资产阶级消灭了旧的生产关系，建立了新的生产关系，新的生产关系的建立促进了生产力的发展，使资产阶级创造了巨大生产力，而且开辟了生产力大发展的道路。同时，资本主义生产的直接目的和决定性动机是占有剩余价值，追逐利润。对丰厚利润的疯狂追求和对一夜破产的巨大恐惧，使

---

① 列宁. 列宁选集（第3卷）[M]. 北京：人民出版社，1995：186.
② 马克思，恩格斯. 马克思恩格斯选集（第1卷）[M]. 北京：人民出版社，1995：277.

得"资产阶级除非对生产工具,从而对生产关系,从而对全部社会关系不断地进行革命,否则就不能生存下去"①。因此,资产阶级时代的生产状况和社会状况都处于不断地变化中,这是资产阶级时代不同于过去一切时代的突出特点。此外,为了追求更多的利润,资产阶级将科学技术引入资本主义生产过程,从而极大地提高了劳动生产率,大大促进了生产力的发展。因此,从人类发展的历史过程看,资产阶级在创造生产力方面发挥了巨大作用,使人类社会的生产力得到了前所未有的发展。

(二)资产阶级开辟了世界市场,使人类历史向世界历史转变

国际性是资本主义生产方式最突出的特征。由于国内市场的狭小限制了资本主义生产的发展,"不断扩大产品销路的需要,驱使资产阶级奔走于全球各地。它必须到处落户,到处开发,到处建立联系"②。为了追求利润,资产阶级的真实任务就是在世界范围内建立世界市场,并且以世界市场为基础进行资本主义生产。正是通过开放世界市场和世界历史,资产阶级建立了以国际分工为基础的世界资本主义商品生产经济体系,形成了世界市场。世界市场的扩大有两个后果:一方面,它开创了世界历史上的一个新时代,过去世界各国的自然隔离被消除,使每一个文明国家和这些国家的每一个人的需要都依赖于整个世界。《共产党宣言》指出,"它使农村从属于城市一样,它使未

---

① 马克思,恩格斯. 马克思恩格斯选集(第1卷)[M]. 北京:人民出版社,1995:275.

② 马克思,恩格斯. 马克思恩格斯选集(第1卷)[M]. 北京:人民出版社,1995:276.

开化和半开化的国家从属于文明的国家，使农民的民族从属于资产阶级的民族，使东方从属于西方"①，"过去那种地方的和民族的自给自足和闭关自守状态，被各民族的各方面的互相往来和各方面的互相依赖所代替了。物质的生产是如此，精神的生产也是如此"②。同时，这种依赖关系在一定程度上也为无产阶级的解放，特别是为无产阶级的国际联盟创造了有利条件。因为无产阶级是伴随着资本主义大工业而出现的，是"以世界市场的存在为前提的。因此，无产阶级只有在世界历史意义上才能存在，就像共产主义——它的事业——只有作为'世界历史性'存在才有可能实现一样"③。另一方面，世界市场的开拓促使资本主义国家到处建立自己的殖民地，依靠对殖民地人民的剥削和掠夺不断扩大生产，积累资金，通过这种野蛮的方式完成了资本的原始积累。"在欧洲以外直接靠掠夺、奴役和杀人越货而夺得的财宝，源源流入宗主国，在这里转化为资本。"④ 资本主义国家对殖民地和半殖民地的剥削和奴役，给殖民地半殖民地人民带来了深重的灾难，殖民地和半殖民地国家被剥夺了大量的资源和劳动力，进一步造成了这些国家的贫穷和落后。因此，在考察资本主义国家发达和落后国家不发达的原因时，殖民制度是一个不容忽视的重要因素。

---

① 马克思，恩格斯. 马克思恩格斯选集（第1卷）[M]. 北京：人民出版社，1995：277.
② 马克思，恩格斯. 马克思恩格斯选集（第1卷）[M]. 北京：人民出版社，1995：276.
③ 马克思，恩格斯. 马克思恩格斯文集（第1卷）[M]. 北京：人民出版社，2009：539.
④ 马克思，恩格斯. 马克思恩格斯全集（第23卷）[M]. 北京：人民出版社，1972：822.

二、资本主义社会的运行规律

马克思在《资本论》中集中论述了关于现代资本主义社会的运行理论。由于历史和阶级的局限性，亚当·斯密（Adam Smith）、大卫·李嘉图（David Ricardo）等古典经济学家都认为资本主义是自然和永恒的社会制度。与古典经济学家不同，马克思坚持唯物史观，认为资本主义社会只不过是人类社会发展必经的一个阶段。马克思深刻剖析了资本主义生产的本质和发展趋势，进一步丰富了唯物史观的理论内容，奠定了科学社会主义的坚实基础。

马克思分析了资本主义生产过程的二重性，揭示了资本主义生产过程的本质就是剩余价值的生产和占有。资本主义社会在本质上是以私有制为基础的剥削制度。由于资本主义社会主要矛盾的存在，资本主义社会周期性地发生生产过剩和经济危机。在危机期间，"总是不仅有很大一部分制成的产品被毁灭掉，而且有很大一部分已经造成的生产力被毁灭掉"[1]，造成生产过剩，这种过剩是相对过剩而不是绝对过剩，是生产欲望的无限扩张与劳动者购买能力不足造成的过剩。对于资产阶级来说，解决生产过剩，度过经济危机的办法就是破坏大量生产力与夺取新的市场、更加彻底地榨取旧的市场。这两种相互矛盾的现象同时存在，以及生产过剩和广大工人阶级的日益贫穷同时存在，说明了资本主义制度内部的矛盾是不可调和的。正如恩格斯指出："生产过剩和大众的贫困，两者互为因果，这就是大工业所陷入的荒

---

[1] 马克思，恩格斯．马克思恩格斯文集（第1卷）[M]．北京：人民出版社，2009：277-278．

谬的矛盾,这个矛盾必然要求通过改变生产方式来使生产力摆脱桎梏。"① 资本主义社会的主要矛盾注定了资本主义制度只是历史发展的一个阶段,不可能是永恒的,资本主义灭亡的趋势是不可避免的。随着生产力的发展,资本主义生产关系必将为新的、更高的生产关系所取代。

三、资本主义社会未来的发展趋势

资产阶级创造了比过去大得多的生产力,从而战胜了封建主义,建立了新的社会制度。但是随着生产力的发展,资本主义生产关系由对生产力的促进作用,开始成为束缚生产力发展的桎梏。"资产阶级的生产和交换关系,资产阶级的所有制关系,这个曾经仿佛用法术创造了如此庞大的生产资料和交换手段的现代资产阶级社会,现在像一个魔法师一样不能再支配自己用法术呼唤出来的魔鬼了。""资产阶级用来推翻封建制度的武器,现在却对准资产阶级自己了。"② 资本主义的生产关系最终将会达到同其资本主义外壳不能相容的地步。马克思指出:"在资产阶级社会的胎胞里发展的生产力,同时又创造着解决这种对抗的物质条件。"③ 随着资本主义的发展,无产阶级的力量不断发展壮大。工人阶级的壮大是未来社会必不可少的物质条件。《共产党宣言》指出:"资产阶级不仅锻造了置自身于死地的武器;它还产

---

① 马克思,恩格斯.马克思恩格斯文集(第4卷)[M].北京:人民出版社,2009:305-306.
② 马克思,恩格斯.马克思恩格斯选集(第1卷)[M].北京:人民出版社,1995:277-278.
③ 马克思,恩格斯.马克思恩格斯选集(第2卷)[M].北京:人民出版社,1995:33.

生了将要运用这种武器的人——现代的工人，即无产者。"① 此外，未来的社会是建立在高度发达的生产力基础上的。资本主义社会生产力的发展对未来社会的发展至关重要，它为未来社会的发展奠定了物质基础。在揭示了资本主义社会未来发展趋势的基础上，马克思以历史的眼光揭示了资产阶级的灭亡和无产阶级的胜利不是一蹴而就的，而是一个长期的过程。"无论哪一个社会形态，在它所能容纳的全部生产力发挥出来以前，是决不会灭亡的；而新的更高的生产关系，在它的物质存在条件在旧社会的胎胞里成熟以前，是决不会出现的。"② 纵然如此，但是历史发展的总趋势，从根本上说是不可改变的。

第三节　马克思关于东方社会的发展理论

马克思东方社会发展理论，主要指"从19世纪50年代开始到马克思逝世之前，对东方社会（主要是亚洲社会）的观点与看法的总称。这一理论形成的时间跨度约30年，所研究的国家有印度、俄国和中国等东方大国，其中以印度与俄国为研究中心"③。马克思东方社会发展理论的核心内容聚焦于两个问题：一是关于"亚细亚生产方式"；二是关于俄国可以跨域"卡夫丁峡谷"的设想。

---

① 马克思，恩格斯. 马克思恩格斯选集（第1卷）[M]. 北京：人民出版社，1995：278.
② 马克思，恩格斯. 马克思恩格斯选集（第2卷）[M]. 北京：人民出版社，1995：32-33.
③ 赵一红. 马克思的"亚细亚生产方式"理论与东方社会结构[J]. 马克思主义研究，2002（5）：55-56.

一、关于"亚细亚生产方式"的理论

(一)"亚细亚生产方式"的基本特征

马克思对东方社会的研究主要是围绕英国对印度的入侵展开的。1853年,"在《不列颠在印度统治的未来结果》一文中,马克思第一次明确提出了'亚洲式的社会'、'亚洲社会'的概念,并将其和'西方式的社会''西方社会'相区别"[①]。"亚细亚生产方式"理论是马克思东方社会理论的重要内容。马克思在《政治经济学批判》序言中最早提出了"亚细亚生产方式"的概念,并认为它是经济的社会形态演进的几个时代之一。马克思认为,"亚细亚生产方式"的基本特征包括三个方面:一是没有土地私有制;二是分散孤立、自给自足的农村公社构成专制制度的基础;三是存在高度集权的中央政府。东方社会这种僵化的社会结构内部缺乏发展的动力,这是造成亚洲社会的长期停滞的主要原因。印度社会的长期停滞就与这种社会结构高度相关。谈到印度的社会状况时,马克思指出,"从遥远的古代直到19世纪最初10年,无论印度过去在政治上变化多么大,它的社会状况却始终没有改变"[②]。

(二) 东方社会特殊的社会结构

通过对"亚细亚生产方式"的研究,马克思揭示了东方社会特殊的政治经济结构。土地国有化是东方社会结构的第一个特点,马克思

[①] 丰子义. 社会发展与社会结构转换——马克思的研究视角 [J]. 西南大学学报(社会科学版), 2012 (4): 17.

[②] 马克思, 恩格斯. 马克思恩格斯选集(第1卷)[M]. 北京: 人民出版社, 1995: 763.

指出，不存在土地私有制"是了解东方天国的一把真正的钥匙"①。在东方社会，由于灌溉农业等特殊的自然环境，需要一个超越村庄的更高的权力来开展水利等公共工程的统一规划和管理，因此，国家才是土地真正的唯一所有者。马克思一贯主张通过经济结构来分析社会的政治结构，土地国有化表现在政治结构上就是高度集权的中央政府。东方社会结构的第二个特点是自给自足的村社制度，这种稳定的村社制度是东方社会长期停滞不前的重要原因。西方国家对亚洲国家的殖民统治，充当了亚洲历史不自觉的工具，用一种猛烈和残暴的方式促进了亚洲国家进入现代社会的历史进程。当然，如果把马克思的论断理解为：没有殖民者的入侵及残暴统治，印度等东方社会将会永久地停留在封建社会，东方社会的经济将永久地停留在自给自足的自然经济基础之上，这种观点完全不符合唯物史观的基本思想，也违背了马克思的原意。

二、关于俄国可以跨域"卡夫丁峡谷"的设想

"跨越论"是马克思东方社会发展理论的核心内容。马克思认为，在人类历史转变为世界历史的条件下，俄国等东方国家可以不经过资本主义的"卡夫丁峡谷"，直接进入更高的新的社会形态。

（一）对俄国国情的分析

俄国的发展表现出和西欧资本主义国家不同的特点。1861年农奴制改革后，俄国虽然开始进入资本主义社会，但是到1881年，马克思

---

① 马克思，恩格斯. 马克思恩格斯全集（第28卷）[M]. 北京：人民出版社，1973：256.

给查苏利奇复信时，俄国的资本主义还没有得到充分发展，在广大农村还广泛保留着前资本主义时代的农村公社制度。对于农村公社的前途命运问题，马克思认为存在两种可能性：一是资本主义私有制消灭公社的土地公有制进入资本主义社会；二是农村公社的土地公有制直接过渡到更高级的社会主义公有制。对于这两种可能性，马克思没有简单地肯定或否定，而是认为这两种发展道路都是可能选择的。也就是说，在俄国"或者是它所包含的私有制因素战胜集体因素，或者是后者战胜前者。先验地说，两种结局都是可能的"①。至于究竟哪一种结局会成为现实，"一切取决于它所处的历史环境"②。

（二）俄国跨越"卡夫丁峡谷"的可能性及条件

俄国自由派经济学家认为，俄国的发展必须首先摧毁农村公社，以便过渡到资本主义制度。马克思不赞同此观点，他认为"从理论上说，俄国'农村公社'可以通过发展它的基础即土地公有制和消灭它也包含着的私有制原则来保存自己；它能够成为现代社会所趋向的那种经济制度的直接出发点"③。俄国公社可以不通过资本主义制度而发展为高级的公有制形式，跨越"卡夫丁峡谷"。俄国"土地公有制使它有可能直接地、逐步地把小块个体耕作转化为集体耕作，并且俄国农民已经在没有进行分配的草地上实行着集体耕作"④。

---

① 马克思，恩格斯. 马克思恩格斯选集（第3卷）[M]. 北京：人民出版社，1995：765.
② 马克思，恩格斯. 马克思恩格斯选集（第3卷）[M]. 北京：人民出版社，1995：765.
③ 马克思，恩格斯. 马克思恩格斯选集（第3卷）[M]. 北京：人民出版社，1995：767.
④ 马克思，恩格斯. 马克思恩格斯全集（第19卷）[M]. 北京：人民出版社，1963：435.

马克思既肯定"俄国可以不通过资本主义制度的'卡夫丁'峡谷"①，但同时也指出实现跨越必须具备一定的历史条件，否则跨越是不可能实现的。一是"必须有俄国革命"②。只有通过革命推翻沙皇制度，阻止政府及资本家对公社的破坏性影响，才能把公社保存下来，使其向新社会过渡。马克思相信，"如果革命在适当的时候发生，如果它能把自己的一切力量集中起来以保证农村公社的自由发展，那么，农村公社就会很快地变为俄国社会新生的因素，变为优于其他还处在资本主义制度奴役下的国家的因素"③。二是俄国革命和西方革命"互相补充"。西方无产阶级革命的胜利将为落后国家做出榜样，落后国家只有从这个榜样身上看到公有制的高级形式是怎么回事，才能缩短发展过程，实现跨越。不过，这两个条件并没有适时发生，"随着农民的解放，俄国进入了资本主义时代，从而也进入了土地公有制迅速灭亡的时代"④。

（三）跨越理论提供了研究落后国家发展道路的方法论

马克思认为，"工业较发达的国家向工业较不发达的国家所显示的，只是后者未来的景象。"⑤ 马克思的跨越论是一种假设，更多的是提出问题，而不是解决问题，它提供了一种落后国家实现现代化的方

---

① 马克思，恩格斯．马克思恩格斯文集（第1卷）[M]．北京：人民出版社，2009：538.

② 马克思，恩格斯．马克思恩格斯选集（第3卷）[M]．北京：人民出版社，1995：770.

③ 马克思，恩格斯．马克思恩格斯全集（第19卷）[M]．北京：人民出版社，1963：269.

④ 马克思，恩格斯．马克思恩格斯文集（第4卷）[M]．北京：人民出版社，2009：460.

⑤ 马克思，恩格斯．马克思恩格斯全集（第23卷）[M]．北京：人民出版社，1972：8.

<<< 第一章 马克思社会发展理论：中国共产党社会发展理论的理论基础

法论。马克思指出，人类社会经由原始社会的公有制，到阶级社会的私有制，再进入未来社会的高级形式的公有制是人类社会发展的一般规律，这对所有国家都适用。与此同时，马克思认为，离开各国的历史环境和具体国情，任何国家都会走和西欧资本主义国家发展完全相同的道路，这样做，会给他更多的荣誉，同时也会给他更多的侮辱。① 必须指出的是，马克思关于落后国家跨越的设想是与他的世界历史理论高度相关的，也就是说"跨越"现象的实质，是生产力与生产关系矛盾运动的民族性和世界性相互作用的结果。"只有在世界历史形成之后，东方一些较为落后国家才能够跨越资本主义历史阶段而直接走向社会主义。"② 马克思的"跨越论"，虽然在当时没有变成现实，但是这一设想为人们考察落后国家的社会发展问题提供了重要的理论和实践的指导。那种不考虑具体的历史环境，认为一个国家如果没有经历资本主义的高度发达阶段就绝对不能进行社会主义革命的观点，不是马克思的观点，而是对马克思观点的误读或教条式的歪曲。马克思的这一设想，对于我国在新民主主义革命胜利后经由新民主主义社会过渡到社会主义社会，在改革开放后选择中国特色社会主义道路，提供了有力的科学指导。

---

① 马克思，恩格斯. 马克思恩格斯选集（第3卷）[M]. 北京：人民出版社，1995：466.
② 吴兆雪，杨耕. 马克思社会发展理论研究述评[J]. 中国社会科学，1996（1）：10.

本章小结

马克思社会发展理论具有丰富思想内涵，但是从现有的研究来看，这一领域还有很多需要进一步深入挖掘的空间。本章在这方面进行了一定的尝试。

马克思揭示了人类社会发展的一般规律。马克思社会发展动力论认为，社会发展是诸多因素共同作用的结果，但是各种因素在推动社会过程中的作用不是并列的，其中经济因素起决定作用。马克思社会发展规律论认为，社会发展不是杂乱无章的，而是和自然界的运动一样，有其自身规律，但是与自然规律不同的是，社会发展规律是在人的社会实践中形成的，又反过来支配人的行动。马克思社会有机体理论认为，人类社会是由诸多要素构成的有机整体，社会有机体的发展过程是自然历史和人类主体活动的统一，每一个阶段的社会有机体都不是静止不变的，而有其产生、发展和灭亡的过程，资本主义社会也不例外，终将被新的、更高的社会有机体所取代。马克思社会发展形态理论包括"五形态说"和"三形态说"，"五形态说"是从所有制角度划分的，"三形态说"是从人的解放程度来划分的。马克思的世界历史理论指出现实的物质生产是世界历史形成的原因，从世界普遍交往的高度揭示了人类社会的发展趋势。马克思、恩格斯当年进行了关于世界历史的预言，"现在已经成为现实，历史和现实日益证明这个预言的科学价值。"① 马克思社会发展评价理论认为，评价社会发展进步要坚持生产力标准和人的解放程度的辩证统一，对社会发展做出客观评价。

马克思现代化社会发展理论主要围绕资本主义社会的生产方式展开。马克思充分肯定了资本主义社会的历史地位：资产阶级创造了巨大的生产力，开辟了世界市场，使人类历史向世界历史转变。马克思揭示了资本主义社会的运行规律，分析了资本的原始积累及资本主义生产过程的二重性，揭露了资本主义剥削的秘密。在此基础上，马克思预言资本主义的发展趋势是终将走向灭亡。虽然资本主义灭亡是一个长期的过程，但是这一趋势从根本上来说是不可改变的。

马克思关注东方社会的发展主要有两个方面。一是马克思的"亚细亚生产方式"理论，揭示了"亚细亚生产方式"的基本特征，分析了东方社会长期停滞的原因。二是根据俄国农村的情况，马克思提出了俄国可以跨越"卡夫丁峡谷"的设想，强调俄国能否实现跨越，关键取决于当时的历史条件。马克思的东方社会理论为我们考察落后国家的发展问题提供了重要的理论和实践指导，特别是为中国共产党选择适合本国国情的革命和建设道路提供了有力的理论支撑。

---

① 习近平. 在纪念马克思诞辰 200 周年大会上的讲话 [M]. 北京：人民出版社，2018：22.

第二章

马克思社会发展理论与西方发展理论的比较分析

一般来讲，发展理论特指研究落后国家如何实现现代化的理论。发展理论最早起源于西方，以西方学者的研究为主。第二次世界大战后，随着民族独立运动高涨，出现了大量的新兴国家。这些国家迫切想要实现国家、社会的发展和现代化。在此背景下，西方学界日益关注发展中国家的发展问题，围绕非西方不发达国家的发展问题，西方学者掀起了研究发展中国家如何实现现代化的热潮，发展理论应运而生。

第一节 西方发展理论的代表性观点

发展理论起源于西方，包括诸多的理论学派，以西方发展理论为主。发展理论从不同的角度为非西方国家的发展出谋划策，描绘非西方国家发展的未来图景，为非西方国家寻找发展道路、实现现代化发展提供了一些有益的启示，但是这些理论也存在着严重缺陷，并不能为非西方国家的发展提供真正科学的理论指导。

<<< 第二章　马克思社会发展理论与西方发展理论的比较分析

一、现代化理论

(一) 现代化理论的主要观点

现代化理论,一般指经典现代化理论,主要是以美国学者帕森斯等为代表的现代化理论学说,其关注的重点是二战后大量新兴独立国家如何摆脱落后状态,实现经济社会发展。该理论的主要观点是：非西方不发达国家仍然处在西方发达国家曾经经历过的某一个"传统社会"阶段,唯有通过照搬西方发达国家的发展模式,走西方发达国家走过的道路,才能实现现代化。① 在现代化理论中,现代化就是从传统向现代转变的历史过程,包括经济、社会、政治、文明等诸多方面由传统向现代转变的历史过程。

作为现代化理论的代表人物,帕森斯采用"两分法"的方式,使用"传统"和"现代"的概念对世界各个国家、社会、民族进行了分类,他认为"传统"和"现代"是一种前后相关的时间发展关系。在帕森斯的现代化理论中,世界上的国家和民族可以分为三类：一是"现代社会",即欧美等西方发达国家；二是"传统社会",即非西方不发达国家；三是"二元社会",即传统与现代并存的转型中的社会。在此基础上,帕森斯提出了"五对模式变量",即成就取向或先赋取向；扩散性或专一性；特殊性标准或普遍性标准；情感性或情感无涉性；团体取向性或个人利益取向性。

现代化理论的另一代表人物是罗斯托,他提出了经济成长阶段理

---

① 庞元正,丁东红. 当代西方社会发展理论新词典 [M]. 长春：吉林人民出版社,2001：462.

论，认为社会发展必须依次经过的六个阶段：分别是传统社会阶段、起飞准备阶段、起飞进入自我持续增长的阶段、成熟阶段、高额群众消费阶段、追求生活质量阶段。罗斯托认为世界上任何一个国家或社会，都可以在其列出的六个阶段中找到自己所处的位置，而发展就是由当前阶段向下一个阶段前进的过程。罗斯托认为，其中"起飞"和"追求生活质量"是两个关键性阶段，而美国处在最先进的发展阶段，即追求生活质量阶段。罗斯托对他的理论充满自信，认为他的理论完美解释了西方各国的工业化历史过程，指出一个国家在经济成长过程中所面临的一系列战略选择问题。

(二) 现代化理论的评价

1. 现代化理论的本质是西方化

无论是帕森斯对"传统"和"现代"的二分法表述，还是罗斯托的六个发展阶段，其蕴含的发展道路都是"西化"。在现代化理论看来，非西方不发达国家通往现代化的道路和最终目标就是"西方社会现代化"，这一理论观点实质是一种"欧美中心论"。这是由现代化理论产生的时代背景决定的。二战后，大量国家和民族独立，为了防止这些新兴国家走上社会主义道路，在美国等西方社会政府的鼓励下，现代化理论得以迅速发展。这一理论把美国作为现代社会的样板，把美国和西方社会的各种制度、社会发展目标、价值观念等在世界范围内加以推广。现代化理论认为发展中国家之所以没有实现现代化，是因为其内部的制度结构和文化传统不利于现代化；发展中国家只有靠西方文明的传播，靠输入西方社会的现代化因素才有可能走上现代化道路，舍此别无他途。在帕森斯看来，发展中国家的现代化就是"西方化"，"西方化"就是"美国化"。

2. 理论模型简单化

现代化理论承袭西方古典社会学的社会发展阶段二分法，将人类社会的发展过程简化为两个阶段，将具有不同特性的社会强行纳入其设置的"传统社会"和"现代社会"的相对立的框架中进行分析。现代化理论无视处于不同历史发展阶段的国家、社会的本质区别，对不同国家和不同社会因政治、经济、文化、历史等因素长期交织而形成的独特性和复杂性视而不见。现代化理论试图用单一模型来指导广大非西方不发达国家的发展，否认了社会发展的多样性和丰富性，也违反了实践是检验真理的唯一标准的基本原则。

3. 社会发展方式单一化

现代化理论认为，西方模式是现代化的唯一模式，现代化是一条笔直的大道，所有的国家都走在这条现代化大道上，区别在于不同国家在这条大道上所处的起始时间和位置不同，西方发达国家在前，非西方不发达国家在后，西方国家先行一步，非西方国家落后了一步，但是前进的方向、前进的方式、要实现的目标都是完全一致的。

4. 无法解释发达国家今后的发展

现代化理论为非西方国家的现代化描绘了前景，规定了方向，设计了路线。现代化既是落后国家赶先进国家的一种历史过程，也是落后国家追赶上发达国家后所处的状态，或者是发达国家达到先进水平后的状态。但对于发达国家今后的发展方式和发展方向，现代化理论无法从理论上给予解答和指引。

二、依附理论

20 世纪中期开始，不少非西方不发达国家在现代化理论的指导下，按照现代化理论的逻辑，沿着"现代化即西方化"的轨迹，开始谋划本国的发展道路和发展方式。这些国家制定了相应的发展策略，采取了相应的措施，如引进西方管理模式，学习西方先进科学技术，面向西方开放，吸引外资，优先发展经济等。但是随着时代的发展，非西方不发达国家的发展实践使现代化发展理论遭到了严峻的挑战。特别是自20世纪60年代以后，一些按照现代化理论提出的模式进行现代化建设的国家，不但没有实现西方国家描绘的美好图景，反而遭遇了严重的失败，引发了诸多社会问题。这些现象使一些学者开始对现代化理论进行反思和批判，并开始转向新的角度来探索不发达国家落后的原因和实现现代化发展的道路，提出新的发展模式。在此背景下，依附理论开始进入人们的视野。

（一）依附理论的基本观点

20世纪60至70年代，拉美学者最早提出了依附理论，主要代表人物有阿根廷的劳尔·普雷维什、埃及的萨米尔·阿明、英国的A. G. 弗兰克。依附理论有两大主要的理论来源：一是新马克思主义的发展，二是对拉美国家在现代化理论指导下进行现代化的实践总结。依附理论认为，西方国家的发达是建立在第三世界不发达的基础上的，不发达和发达不是现代化的必经阶段。

依附理论的代表人物阿根廷经济学家和社会学家劳尔·普雷维什通过对世界经济体系的分析，把世界经济体系分为两个构成部分，即"核心—边陲"。普雷维什认为，西方发达资本主义国家是经济体系的核心，而第三世界不发达国家处于边陲的位置。由于处于"核心—边陲"的不同地位，资本主义发达国家利用不平等的贸易条件对处于边陲的不发达国家进行剥夺，这种剥夺是造成第三世界国家不发达的根本原因。

埃及的萨米尔·阿明认为,世界范围内不平等的国际分工是西方发达国家和发展中国家经济关系不平等的导因。他认为,经济发展的"三重畸形"是发展中国家经济发展受阻的真正原因,即"出口畸形""第三部类(生产奢侈品部类)畸形"和"积累过程的外向性"(剩余价值外流)。而要根除"三重畸形",发展中国家必须与发达资本主义国家"脱钩",也就是要改变依附于世界资本主义"全球化"的发展战略。对于"脱钩"具体的方式,阿明认为发展中国家必须进行社会主义革命,走社会主义道路是发展中国家摆脱依附、实现国家经济独立的必然选择。

另一位学者弗兰克提出了"宗主—卫星"学说。他认为在世界范围内,发达国家处于"宗主"的位置,不发达国家则扮演发达国家"卫星"的角色,"宗主"国家对"卫星"国家进行盘剥,榨取剩余价值,掠夺资源。弗兰克认为,这种"宗主—卫星"的关系是不发达国家贫穷落后的根源。处于卫星地位的不发达国家要实现发展,必须与宗主国"脱钩"。

(二)依附理论的评价

1. 过分强调外部因素的影响,忽视了内因的作用

依附论认为西方发达国家的奴役和剥削是造成不发达国家落后的全部原因。依附理论没有从不发达国家内部来探寻自身实现国家、民族独立后长期处于落后贫穷状态的原因。与现代化理论相比,依附理论从一个极端走向了另一个极端。

2. 过分夸大了依附理论的适用范围

依附理论主要是由拉丁美洲和非洲的一些学者根据该地的情况进

行分析提出的理论学说,由于拉丁美洲和非洲特殊的历史原因,依附理论对这些地区的发展具有一定的指导意义,但是这种指导意义并不具有普适性。如果忽视地区差异,试图用依附理论指导一切非西方不发达国家,明显是不合适的。

3. 依附理论违背了世界发展历史潮流

依附理论认为,通过"脱钩"来摆脱对西方国家的依附后,不发达国家依靠自身的努力就会走向现代化。然而,在全球化已成为不可逆转的时代潮流,世界各国、各地区联系日益紧密的背景下,试图脱离全球化的浪潮,显然是不现实的。对于20世纪60至70年代东亚新兴工业化国家和地区通过积极参与全球化,在经济上迅速崛起,形成快速发展的"东亚奇迹","依附论"无法做出理论上的合理解释。

三、世界体系论

沃勒斯坦是世界体系理论的代表人物之一。世界体系理论将整个世界作为一个整体来研究,分析其在一定历史时期内总体的发展规律,用体系的观点来审视整体世界及各个部分的发展变化。

(一) 世界体系理论的基本观点

沃勒斯坦认为世界上的所有国家组成了一个"资本主义世界经济体系",各个国家和社会只是体系内部的一个组成部分,是组成世界体系的一个单元或次体系。世界体系的构成是层次性的,形成了"核心—半边陲—边陲"的基本结构。在这个结构中,核心国家是指在整个世界范围内处于主导地位,支配其他国家的国家,其产业结构以重工业为主,农业为辅,生产形式以雇工和自耕农为主。边陲国家是指位于世界体系的边缘,受中心国家控制的国家,其产业结构以农、矿为主,而生产形式以奴隶和强迫劳动为主。半边陲国家位于核心和边陲国家之间,这类国家一方面受到中心国家的控制,另一方面又在某种程度上控制边陲国家,产业结构以轻工业和农业为主,生产形式以雇工和佃农为主。因世界经济贸易和国际分工的不平等从中心到半边陲再到边陲,经济自主性依次弱化。边陲国家出口自然资源和初级产品,中心国家出口工业产品,二者的商品交换存在巨大的剪刀差。中心国家通过这种价格的剪刀差对边陲国家的剩余价值进行剥夺。半边陲国家在国际贸易中处在中间的位置,一方面被中心国家剥夺,另一方面剥夺边陲国家。长此以往,这种不平等贸易关系使"经济剩余"源源不断地转移到中心国家,其结果就是发达国家越来越发达,不发达国家越来越不发达。沃勒斯坦认为,边陲国家想要突破现存世界体系,需要把握时机、邀请外资投入和自力更生。半边陲国家要向核心位置过渡,就得投下巨额资金,自行开发或从核心国家输入先进的生产技术和机械设备,并有一个庞大的市场为后盾才有可能取得成功。

(二)世界体系理论的评价

1. 忽视了内部因素对发展的作用

世界体系理论作为依附理论的发展,关注点仍集中在发达国家与不发达国家关系上,过分强调了外部因素对社会发展的作用,忽视了内因对发展的作用。例如,世界体系理论认为处于世界体系中的每个国家,其所处的地位是由这一体系的整体结构按照一定的运动变化规律而决定的,而不是单个国家通过自身的努力就可以决定的。

2. 相对忽视生产力和科技发展在世界发展中的作用

世界体系理论过分注重和强调体系结构(即分工体系内的三级阶层结构)和体系运行机制(即市场机制)对各成员国内部结构和变迁

所起的决定性作用，往往忽略了各成员国本身各项因素（如制度和科技水平）的相互关系，也忽视了各成员国本身各项因素对生产力发展和产品素质所起的决定性作用。

3. 概念比较混乱，理论自身存在较多矛盾

沃勒斯坦认为世界体系和世界帝国的主要区别在于两者采用的资本积累手段不同，前者以市场机制为主要手段，后者则以纳贡和地租为主。在这个笼统的大前提下，世界体系论者不知不觉地把核心国家之间的平等竞争性贸易过程跟核心与边陲之间的不平等和具有剥削性贸易关系混为一谈。在世界体系论中经常出现一些"目的论"和"神话概念"的问题。世界体系论中的一些因果关系就是以目的论的逻辑思维模式推测出来的。例如在讨论世界分工体系的三个层级时，该理论研究者就认为半边陲国家的出现是为了迎合整个分工体系的需要。神话概念，是指把一些用来分析和理解社会现象的抽象概念当作具体实物看待或拟人化，甚至将这些抽象概念视作崇拜对象，并幻想它拥有无穷的威力，如在尝试解释世界体系内成员国不断改进产品质量和提升生产能力时，就毫不犹豫地归功于市场机制的压力。

4. 世界体系层次分析不能反映世界发展和现代化的全貌

世界体系论有"结构决定论"的嫌疑，认为体系内各成员国的政治制度、经济结构、生产关系，以及发展趋势和变化，都由其在体系内层级机构所占的位置（如核心、半边陲或边陲）决定。这种从体系结构解释体系内各成员国（或各组成部门）的特征和变化的推理方式，并不能够解释为什么处在同一位置的成员会有不同的发展经历。

第二节　马克思社会发展理论与西方发展理论的本质区别

马克思社会发展理论与西方发展理论的本质区别在于对资本主义社会历史地位的认识。马克思社会发展理论虽然肯定资本主义的历史进步性，但这种进步只是一种相对的进步，资本主义终究会被一种更高的社会形态所取代。西方发展理论是从资本主义社会的固有模式出发，来审视落后国家的发展问题，也就是探寻落后国家如何实现西方化的过程。因此，马克思社会发展理论与将资本主义社会作为人类社会发展的典型样板的西方发展理论具有本质区别。

一、马克思对资本主义社会的评价与批判

马克思运用唯物史观对资本主义的历史地位做出了客观的评价。马克思高度评价了资产阶级的历史作用，"资产阶级在历史上曾经起过非常革命的作用。"① 资本主义战胜了封建主义，建立起新的、更适合社会发展的制度，从而极大地促进了生产力的发展，创造了巨大的生产力。"资本主义在它的不到一百年的阶级统治中所创造的生产力，比过去一切世代创造的全部生产力还要多，还要大。"② 资产阶级变革了社会关系，"在它已经取得了统治的地方把一切封建的、宗法的和

---

① 马克思，恩格斯. 马克思恩格斯选集（第1卷）[M]. 北京：人民出版社，1995：274.
② 马克思，恩格斯. 马克思恩格斯选集（第1卷）[M]. 北京：人民出版社，1995：277.

田园诗般的关系都破坏了"①。资产阶级改变了世界的面貌,社会化的大生产使世界各国相互联系了起来,"使一切国家的生产和消费都成为世界性的了。……过去那种地方的和民族的自给自足和闭关自守状态,被各民族的各方面的互相往来和各方面的互相依赖所代替了。物质的生产是如此,精神的生产也是如此。"②

马克思虽然肯定资本主义的历史进步性,但只是一种相对的进步。通过对资本主义生产方式和资本主义社会发展规律的深刻研究,马克思指出,"资本来到世间,从头到脚,每个毛孔都滴着血和肮脏的东西"③。在资本原始积累时期,资本主义对内通过圈地运动,对外通过殖民主义掠夺、贩卖奴隶贸易、掠夺他国物质财富,为资本主义聚集了大量物质财富。在资本主义发展过程中,资本家通过对工人剩余价值的剥夺,最大限度地压榨工人的劳动力。资本主义创造了大量物质精神成果,如蒸汽机的发明,把人类带入了工业时代,电气的运用,把人类带入了电器时代,第三次技术革命,把人类带入了科技时代,特别是在两次世界大战及社会主义带来的冲击下,资本主义对自身的政治经济文化做出了相应的调整,实行民主政治,经济上实行新的分配制度,创造了大量物质精神财富,使人民的生活水平得到了空前提高。但资本主义始终只是为少数人服务,始终代表少数人的政权这一根本特点没有变,资本主义的内在矛盾没有改变。资本主义终究

---

① 马克思,恩格斯. 马克思恩格斯选集(第1卷)[M]. 北京:人民出版社,1995:274.
② 马克思,恩格斯. 马克思恩格斯选集(第1卷)[M]. 北京:人民出版社,1995:276.
③ 马克思,恩格斯. 马克思恩格斯文集(第5卷)[M]. 北京:人民出版社,2009:871.

会被一种更高的社会形态所取代。

二、马克思社会发展理论与西方发展理论的本质区别

马克思社会发展理论是从人类社会发展的总体趋势来审视发展问题的,资本主义社会是人类社会发展的一个必经阶段,其产生、发展、灭亡的根本趋势是不会改变的。西方发展理论更多的是从资本主义社会的固有模式出发,将资本主义社会作为人类社会发展的典型样板,来审视落后国家的发展问题,也就是从西方国家的视角出发探寻落后国家不发达的原因,寻找落后国家实现西方化的途径。马克思社会发展理论与西方发展理论的区别主要体现在以下几个方面:

(一)理论依据不同

马克思社会发展理论的理论基础是唯物史观。唯物史观揭示了人类历史发展的客观规律,把唯心主义从最后一个避难所驱赶出去。马克思社会发展理论以唯物主义的立场和方法揭示人类社会发展的客观规律。西方发展理论的理论基础是近现代西方经济学理论和社会进化理论,认为现代化是一种内生性的社会变化过程,认为非西方不发达国家内部没有形成能在新的世界政治、经济环境中得以生存和发展的条件是其落后的原因,进而得出结论非西方不发达国家实现现代化的途径是实现全面"西化",建立西方的政治、经济、文化制度,并将之作为唯一途径。

(二)对社会发展动力的认识不同

马克思社会发展理论认为经济因素是社会发展的决定性因素,

"物质生活的生产方式制约着整个社会生活、政治生活和精神生活的过程。"[①] 社会发展的基本动力是生产力和生产关系的矛盾运动,同时它认为社会发展是历史合力的结果。西方发展理论对社会发展动力的认识只侧重某一方面,具有片面性。"现代化理论"认为,发展中国家落后的原因是内部没有形成符合现代化要求的制度条件和文化因素。该理论认为文化因素决定社会发展,文化因素为社会的发展提供根本动力。文化决定论实际上是一种唯心主义世界观,片面夸大了文化在社会发展中的作用。"依附论"和"世界体系论"批判了"现代化理论"的文化内因决定论,而自己又陷入了经济政治因素的外部决定论,单纯强调外部因素对不发达的影响,忽视了内因的作用。

(三) 对社会发展规律的认识不同

西方发展理论完全忽视不同发展中国家的历史背景、现实条件的多样性和复杂性,认为所有国家、民族都将经历同样的现代化进程,即实现西方化,是一种线性发展观。马克思社会发展理论认为,人类社会是一个由低到高、由简单到复杂的发展过程,任何一个发展阶段都有其产生、发展、灭亡的历史过程,资本主义社会也不例外,其灭亡的趋势不可避免,它终将被一种更高、更先进的社会制度所取代。马克思揭示了人类社会发展的一般规律,但他并不认为所有国家和民族都必须遵循单一的线性发展,而是肯定了人类社会发展道路的多样性。不同的国家和民族由于各方面条件的差异,可以选择不同的发展方式和发展道路,但是社会发展的总体趋势都是前进的、上升的。

---

① 马克思,恩格斯. 马克思恩格斯选集(第 2 卷)[M]. 北京:人民出版社,1995: 32.

第三节 西方发展理论难以指导我国发展实践的原因分析

一、西方发展理论的基本立场是西方立场

西方发展理论是从特定的立场出发,为本国和本地区的利益服务的。"现代化理论"是西方发达国家从自身的意识形态、政治立场、经济利益出发而制定的,主要服务于西方发达国家,借助社会发展理论,向发展中国家输出西方发达国家的政治制度、经济模式、文化理念,从而避免这些国家走上社会主义道路。换言之,"现代化理论"是站在发达国家的立场上为西方发达国家的利益服务的,其目的是在发展中国家"西方化"的过程中,实现西方发达国家对新兴市场和原料来源的控制。从本质上看,"现代化理论"指导下的发展实践有利于西方国家,而不利于非西方国家,并不是真正用以指导非西方国家发展的科学理论。"依附论"和"世界体系论"是从拉丁美洲和非洲特殊的历史条件出发提出来的,其提出的"脱钩"理论违背了世界的发展潮流。因此,西方发展中国家要实现发展,不可能从西方发展理论中找到现成的答案,发展理论也没有义务为发展中国家的发展服务。对于发展中国家而言,发展是自己的事业,需要在马克思社会发展理论的指导下构建属于自己的发展理论,从而指导自身的发展实践。

二、西方发展理论提出的问题与中国的现实问题存在差别

西方发展理论提出的问题都是从地区的问题出发，抽象出一般的理论，并将其推广到世界上的其他国家。"现代化理论"是按照西方国家的眼光来审视发展中国家面临的现实问题的。"现代化理论"认为，发展中国家处于西方国家曾经经历过的某一阶段，因此遇到的问题也和西方国家曾经遇到的问题完全一致，只是问题出现的时间早晚不同。实际上，这种观点是站不住脚的。与大多数发展中国家长期遭受殖民统治不同，西方国家从未遭受过殖民侵略和殖民统治，相反，西方国家从殖民地掠夺了大量的资源和劳动力，并将殖民地作为其产品倾销地，用血腥的方式完成了资本的原始积累。然而，对于包括中国在内的绝大多数发展中国家来说，在摆脱殖民统治，进入现代化起步阶段的时候，这些国家绝不可能像西方发达国家那样随意掠夺别国资源、侵占别国市场，而只能通过本国的内部资源完成现代化的资金积累。"依附论"和"世界体系论"虽然摆脱了西方中心论的理论范式，却又陷入了把本地区面临的发展问题普遍化的倾向，因此，它们与"现代化理论"一样失之偏颇，并不具备普遍性。作为世界上最大的发展中国家，中国的发展问题极具特殊性。中国在中国共产党的领导下完成了新民主主义革命的历史任务，经由新民主主义社会走上了社会主义道路。这些情况与西方发达国家和其他发展中国家的情况是截然不同的。因此，西方发展理论指出的问题并不是包括中国在内的广大发展中国家真正存在并急需解决的问题，那么西方发展理论针对这些问题提出的解决方案就难以指导中国的发展实践。

三、西方发展理论的经验来源与中国实际存在巨大差距

西方发展理论是立足于本国和本地区的发展经验形成的一种经验科学，这种经验与发展中国家的发展实际存在着巨大的差别。由于长期受历史、文化等因素的影响，每个发展中国家的实际国情都各不相同。西方发展理论有意无意地忽视不同国家实际国情的巨大差别，根据本国经验提出的问题，是不可能符合所有发展中国家实际的，甚至可能南辕北辙。因此，西方发展理论难以解释清楚发展中国家遇到的各种发展问题。对于中国来说，中国人口众多，国情复杂，能源资源承载量有限，特别是在长期历史发展过程中产生的区域差距问题、城乡经济结构问题、人口和资源环境压力问题等，与西方国家在现代化过程中遇到的问题存在巨大的差异，即使与其他发展中国家相比，中国的情况也极具特殊性。中国在几十年的时间内保持经济的高速增长，走完了西方国家几百年的现代化发展历程，社会快速发展进步的同时，各种矛盾和问题也集中爆发。由于脱离发展中国家的实际，西方发展理论根本无法解释这些问题，也不可能提供解决这些问题的现成答案。因此，任何一个国家的现实情况只有本国人民最了解，才最有发言权。中国只能在马克思社会发展理论的指导下，立足中国发展实际，构建中国特色社会主义发展理论，用以指导中国发展实践，解决发展中遇到的各种矛盾和问题。

本章小结

本章对西方发展理论的代表性观点进行了分析和评价。在世界范围内，西方发展理论是较早研究落后国家发展问题的理论学派。西方发展理论对于落后国家落后的原因及发展的方向和途径进行了研究。"现代化理论"认为发展中国家落后的原因是内部没有形成符合现代化要求的制度条件和文化因素，实现现代化的途径就是实现西方化；"依附论"和"世界体系论"把发展中国家落后的原因归结为发达国家对发展中国家的剥夺，认为发展中国家实现现代化的途径就是与发达国家"脱钩"。

西方发展理论虽然为落后国家解决发展问题提供了一定的启示和参考，但是无论从理论依据、还是对社会发展的动力和社会发展的规律的认识上，都与马克思社会发展理论具有本质区别。马克思社会发展理论与西方发展理论最根本的区别在于马克思社会发展理论将资本主义社会作为人类社会必经的一个发展阶段，而西方发展理论却将资本主义作为社会发展的典型样板。

由于西方发展理论是站在西方立场上研究发展问题的，其提出的问题与中国存在的现实问题存在巨大差别，其经验来源也与中国实际存在巨大的差距。因此，对于中国未来的发展实践，西方发展理论难以提供理论指导。

第三章

中国共产党社会发展理论的初步探索

发展，是中国共产党人矢志不渝的奋斗目标。自成立以来，中国共产党人就把谋求中华民族伟大复兴作为自己的历史使命。对于中国应该走一条什么样的现代化道路，中国共产党人经历了一个由知之不多到知之较多，由知之不深到知之较深的过程。一百年来的艰辛探索，中国共产党人不断地将马克思社会发展理论与中国发展实践相结合，逐步形成了独具特色的中国共产党社会发展理论。

第一节 新民主主义革命时期中国共产党对未来中国发展的谋划

一、新民主主义革命的胜利是实现中国发展的前提条件

鸦片战争以来，帝国主义的侵略打断了中国由封建社会向资本主义社会过渡的缓慢的历史进程。帝国主义的侵略在一定程度上促进了中国封建制度的解体，也在一定程度上促进了中国资本主义经济的发展,但是帝国主义绝不是要帮助中国走上独立的资本主义发展道路,而是要使中国变为其殖民地和半殖民地。近代中国半殖民地半封建的社会性质决定了中国人民首先必须通过革命的手段,推翻帝国主义、封建主义、官僚资本主义的剥削和压迫,实现民族独立和人民解放,为建设富强民主的国家扫清障碍,为国家富强和人民幸福创造必要的前提。毛泽东总结了中国人民自1840年鸦片战争开始反抗帝国主义和封建主义的斗争经验后指出:"我们民族的灾难深重极了,唯有科学的态度和负责的精神,能够引导我们民族到解放之路。……我们共产党人,多年以来,不但为中国的政治革命和经济革命而奋斗,而且为中国的文化革命而奋斗;一切这些的目的,在于建设一个中华民族的新社会和新国家。在这个新社会和新国家中,不但有新政治、新经济,而且有新文化。这就是说,我们不但要把一个政治上受压迫、经济上受剥削的中国,变为一个政治上自由和经济上繁荣的中国,而且要把一个被旧文化统治因而愚昧落后的中国,变为一个被新文化统治因而文明先进的中国。一句话,我们要建立一个新中国。"[①]

二、社会主义道路是中国未来的发展方向

由于处在世界无产阶级革命的时代,中国革命不同于旧式的资产阶级革命。新民主主义革命的前途是要走向社会主义,而不是资本主义。对于革命胜利后,中国要走一条什么样的发展道路,毛泽东在《新民主主义论》中提出,"走建立资产阶级专政的资本主义社会之路吗?诚然,这是欧美资产阶级走过的老路,但无如国际国内的环境,

---

① 毛泽东. 毛泽东选集(第2卷)[M]. 北京: 人民出版社, 1991: 663.

都不容许中国这样做"①。从国际环境看,资本主义处于下降状态,社会主义处于上升状态。帝国主义侵略中国,在中国发展资本主义绝不是要使中国走上资本主义道路,而是要把中国变成其殖民地。从国内环境看,大资产阶级也不会让中国走上人民民主专政,而是一党专政。所以,毛泽东指出中国将来是要走社会主义道路的,但目前也不能一下子进入社会主义社会,"没有问题,现在的革命是第一步,将来要发展到第二步,发展到社会主义。中国也只有进到社会主义时代才是真正幸福的时代。但是现在还不是实行社会主义的时候。中国现在的革命任务是反帝反封建的任务,这个任务没有完成以前,社会主义是谈不到的。中国革命不能不做两步走,第一步是新民主主义,第二步才是社会主义。而且第一步的时间是相当的长,决不是一朝一夕所能成就的。我们不是空想家,我们不能离开当前的实际条件"②。也就是说,在新民主主义胜利前,中国还不具备进入社会主义的实际条件,在这个问题上,中国共产党人必须脚踏实地,不能做脱离实际的空想家。

三、实现工业化是中国发展的目标

新民主主义革命时期,摆在中国共产党人面前的首要任务是实现民族独立和人民解放。但是中国共产党人只是将其作为实现自身历史使命的第一步。实现自身历史使命的第二步是实现国家富强和人民幸福。现代化是实现国家富强和人民幸福的前提条件。在革命时期,中

---

① 毛泽东. 毛泽东选集(第2卷)[M]. 北京:人民出版社,1991:679.
② 毛泽东. 毛泽东选集(第2卷)[M]. 北京:人民出版社,1991:683-684.

国共产党对于现代化的理解更多地集中在实现国家工业化方面。1944年,毛泽东分析了当时陕甘宁边区工业建设的重要意义指出,"它的数目很小,但它所包含的意义却非常远大。谁要不认识这个最有发展、最富于生命力、足以引起一切变化的力量,谁的头脑就混沌无知"①。毛泽东认为,日本帝国主义之所以敢于侵略中国,主要原因就是中国"没有新式工业",这也是中国贫穷落后的主要原因。毛泽东认为发展工业化的目标是十分必要和紧迫的任务,他号召共产党人不要只关心革命工作,更要关心工业、关心经济,所有共产党员都应该学习经济工作和工业技术,反对只会做一种抽象的"革命工作"、不关心工业、不关心经济的空头"革命家"②。1945年,在党的七大报告中,毛泽东提出了将生产力标准作为衡量发展的标准,他说:"中国一切政党的政策及其实践在中国人民中所表现的作用的好坏、大小,归根到底,看它对于中国人民的生产力的发展是否有帮助及其帮助之大小,看它是束缚生产力的,还是解放生产力的。……发展现代工业,建立独立、自由、民主、统一和富强的新中国,只有这样,才能使中国社会生产力获得解放,才是中国人民所欢迎的。"③ 在党的历史上,这是把生产力标准作为衡量发展标准的较早论述。同时,毛泽东再次阐明了工业化与农业近代化的奋斗目标,并提出:"在新民主主义的政治条件获得之后,中国人民及其政府必须采取切实的步骤,在若干年内逐步地建立重工业和轻工业,使中国由农业国变为工业国……中国工人阶级的任务,不但是为着建立新民主主义的国家而斗争,而且是为着中国

---

① 毛泽东. 毛泽东文集(第 3 卷)[M]. 北京:人民出版社,1996:146.
② 毛泽东. 毛泽东文集(第 3 卷)[M]. 北京:人民出版社,1996:146-147.
③ 毛泽东. 毛泽东选集(第 3 卷)[M]. 北京:人民出版社,1991:1079.

的工业化和农业近代化而斗争。"① 换言之，党当时对于现代化的理解就是要实现工业化，认为没有真正大规模的工业，便没有巩固的国防，便没有人民的福利，便没有国家的富强。

第二节 社会主义革命和建设时期中国共产党对社会主义发展道路的探索

一、实现从新民主主义向社会主义的转变

在民主革命时期，中国共产党就已经明确在革命胜利后，中国要由新民主主义社会过渡到社会主义社会。新中国成立后，中国共产党即投身社会主义革命，积极准备向社会主义过渡。但是对于中国如何过渡到社会主义，马克思主义理论没有提供现成的答案，毛泽东和党的其他领导人经历了一个长期探索的过程。对于落后国家能不能不经过资本主义发展阶段而直接进入社会主义的问题，马克思在19世纪70年代就谈到了俄国可以跨越资本主义的"卡夫丁峡谷"，进入社会主义。对于变革所有制的办法，马克思和恩格斯曾设想了两种方式：一是暴力没收，二是和平赎买，并认为用和平赎买的办法变革所有制，对无产阶级来说将是"最便宜不过了"②。列宁在领导俄国革命实践的过程中，认为落后国家"可以不经过资本主义发展阶段而过渡到苏维

---

① 毛泽东. 毛泽东选集（第3卷）[M]. 北京：人民出版社，1991：1081.
② 马克思，恩格斯. 马克思恩格斯选集（第4卷）[M]. 北京：人民出版社，1995：503.

埃制度，然后经过一定的发展阶段过渡到共产主义"①。对于用哪种方式完成过渡，列宁曾经设想通过和平赎买完成过渡，认为这种方式对无产阶级是最有利的。但俄国资产阶级发动了国内战争进行反抗，列宁的设想未能实现。新中国成立后，以毛泽东为主要代表的中国共产党人在马克思主义过渡思想的指导下，立足中国国情，制定了党在过渡时期的总路线，即"从中华人民共和国的成立，到社会主义改造基本完成，这是一个过渡时期。党在这个过渡时期的总路线和总任务，是要在一个相当长的时期内，逐步实现国家的社会主义工业化，并逐步实现国家对农业、手工业和资本主义工商业的社会主义改造"②。通过和平的方式完成社会主义改造，变革生产资料所有制，和平赎买的设想在中国变成了现实，使中国走上了社会主义道路。

二、以苏为鉴，独立自主探索符合中国国情的社会主义建设道路

中国共产党通过社会主义改造的和平方式完成社会主义革命的艰巨任务，是中国共产党人对马克思主义的重大理论贡献。但是对于当时经济文化落后的中国，进入社会主义阶段后如何建设社会主义，对中国共产党人来说是一个全新的课题。由于我们自己没有经验，加之当时苏联在社会主义阵营中的特殊地位，中国共产党人不可避免地选择了照搬苏联模式。根据毛泽东回忆，建国初期，我国各方面工作照搬苏联经验的教条主义非常严重，"不管人家的文章正确不正确，中

---

① 列宁. 列宁选集（第4卷）[M]. 北京：人民出版社，2012：279.
② 中共中央文献研究室. 建国以来重要文献选编（第四册）[M]. 北京：中央文献出版社，1993：348.

国人都听，都奉行，总是苏联第一"①。但是对于这种做法，毛泽东"总觉得不满意，心情不舒畅"②。随着社会主义建设的逐步展开和实践经验的积累，毛泽东及党中央逐渐意识到苏联模式并不适合中国国情，中国要发展，必须探索适合中国国情的社会主义建设道路。特别是苏共二十大后苏联模式的弊端日益暴露，毛泽东明确提出要以苏为鉴。1956年，毛泽东做了《论十大关系》的报告，对我国社会主义建设的经验进行了初步总结，明确提出了以苏为鉴、独立自主地探索适合中国情况的社会主义建设道路。他指出："最近苏联方面暴露了他们在建设社会主义过程中的一些缺点和错误，他们走过的弯路，你还想走？过去我们就是鉴于他们的经验教训，少走了一些弯路，现在当然更要引以为戒。"③ 在当时，苏联作为社会主义阵营的"老大哥"，苏联模式被视为社会主义建设的典型样板。在这样的背景下，中国共产党人能够提出"以苏为鉴"，是非常难能可贵的。此外，毛泽东指出，不仅中国的社会主义建设要探索适合自己国情的发展道路，任何国家要发展都要实事求是，而不能照搬别国经验。1956年，毛泽东在同拉丁美洲客人谈话时说："各国应根据自己国家的特点决定方针、政策，把马克思主义同本国特点结合起来。……照抄是很危险的，成功的经验，在这个国家是成功的，但在另一个国家如果不同本国的情况相结合而一模一样地照搬就会导向失败。照抄别国的经验是要吃亏的，照抄是一定会上当的"，并且认为"这是一条重要的国际经验"④。

---

① 毛泽东. 毛泽东文集（第7卷）[M]. 北京：人民出版社，1999：368.
② 毛泽东. 毛泽东文集（第7卷）[M]. 北京：人民出版社，1999：117.
③ 毛泽东. 毛泽东文集（第7卷）[M]. 北京：人民出版社，1999：23.
④ 毛泽东. 毛泽东文集（第7卷）[M]. 北京：人民出版社，1999：64.

三、确立社会主义的发展目标——建设一个伟大的社会主义国家

实现国家富强,建设一个伟大的社会主义国家是以毛泽东为代表的中国共产党人的毕生追求。1954年颁布的《中华人民共和国宪法草案》明确提出:"我们的总目标,是为建设一个伟大的社会主义国家而奋斗。"① 毛泽东在第一届全国人民代表大会第一次会议上的开幕词中指出,"我们的总任务是:团结全国人民,争取一切国际朋友的支援,为了建设一个伟大的社会主义国家而奋斗,为了保卫国际和平和发展人类进步事业而奋斗"②。1956年,毛泽东在党的八大开幕词中强调,"我们这次大会的任务是:总结从七次大会以来的经验,团结全党,团结国内外一切可能团结的力量,为了建设一个伟大的社会主义的中国而奋斗"③。以毛泽东为代表的中国共产党人认为,建设一个伟大的社会主义国家就要实现四个现代化。中国共产党对"四个现代化"的认识经历了一个逐步发展、完善的过程。1963年,周恩来代表党中央对四个现代化作了完整、准确的表述:"我们要实现农业现代化、工业现代化、国防现代化和科学技术现代化,把我们祖国建设成为一个社会主义强国,关键在于实现科学技术的现代化。"④ 1964年,三届全国人大一次会议上,最终确立实现四个现代化的目标。虽然社会主义建设的过程几经曲折,但实现四个现代化的目标始终激励着一代又一代的中华儿女为之不懈奋斗。

---

① 毛泽东.毛泽东文集(第6卷)[M].北京:人民出版社,1999:329.
② 毛泽东.毛泽东文集(第6卷)[M].北京:人民出版社,1999:350.
③ 毛泽东.毛泽东文集(第7卷)[M].北京:人民出版社,1999:117.
④ 周恩来.周恩来经济文选[M].北京:中央文献出版社,1993:504.

四、社会主义的主要任务是发展生产力

新中国成立前夕,毛泽东在党的七届二中全会上指出,"从我们接管城市的第一天起,我们的眼睛就要向着这个城市的生产事业的恢复和发展。务须避免盲目地乱抓乱碰,把中心任务忘记了",城市的各项工作"都是围绕生产建设这一个中心工作并为这个中心工作服务的"①。新中国成立后,面对千疮百孔、一穷二白的国家,使中国尽快摆脱贫穷落后的面貌,成为当时摆在中国共产党人面前的首要任务。在完成民主革命的遗留任务之后,以毛泽东为核心的党中央积极准备向社会主义过渡,制定了党在过渡时期的总路线,实现了生产关系的变革,为生产力的发展扫清障碍。1956年,党的八大准确判断了社会的主要矛盾,在此基础上,毛泽东指出,"社会主义革命的目的是为了解放生产力"②。中国共产党通过社会主义"三大改造"使生产力得到解放,从而为工农业发展创造条件。1957年2月,毛泽东明确指出,"我们的根本任务已经由解放生产力变为在新的生产关系下面保护和发展生产力"③,要"团结全国各族人民进行一场新的战争向自然界开战,发展我们的经济,发展我们的文化"④。此外,在发展生产力的过程中,毛泽东等中央领导集体高度重视科学技术在推动生产力发展中的作用。1956年,周恩来代表党中央提出了"向科学进军"⑤的

---

① 毛泽东. 毛泽东选集(第4卷)[M]. 北京:人民出版社,1991:1427—1428.
② 中共中央文献研究室. 建国以来重要文献选编(第八册)[M]. 北京:中央文献出版社,1994:348.
③ 毛泽东. 毛泽东文集(第7卷)[M]. 北京:人民出版社,1999:218.
④ 毛泽东. 毛泽东文集(第7卷)[M]. 北京:人民出版社,1999:216.
⑤ 周恩来. 周恩来选集(下卷)[M]. 北京:人民出版社,1984:159-160.

口号。他指出,"在社会主义时代,比以前任何时代都更加需要充分地提高生产技术,更加需要充分地发展科学和利用知识"①。周恩来在上海市科学技术工作会议上的讲话指出:"把我们祖国建设成为一个社会主义强国,关键在于实现科学技术的现代化。"②毛泽东也强调,不搞科学技术,生产力就无法提高;搞科学技术,必须大力发展文化教育事业。

五、关于社会主义社会发展动力的思考及失误

(一)社会基本矛盾是社会发展的动力

社会主义社会矛盾学说是毛泽东对马克思主义理论的重大贡献。毛泽东指出,"在社会主义社会中,基本的矛盾仍然是生产关系和生产力之间的矛盾,上层建筑和经济基础之间的矛盾"③。这些矛盾推动着社会主义社会不断地向前发展。1959年,在读苏联政治经济学教科书时,针对苏联不承认矛盾是社会发展的动力这一提法,毛泽东表示并不赞同。他指出,"只说社会主义社会的特点是'团结一致,十分稳定',不说社会主义社会内部的矛盾;说精神上政治上的一致,是社会主义国家强大的社会发展动力,不说矛盾是社会发展的动力。这样一来,矛盾的普遍性这个规律,在他们那里被否定了,辩证法在他们那里就中断了。没有矛盾就没有运动。社会总是运动发展的。在社会主义时代,矛盾仍然是社会运动发展的动力"④。毛泽东关于社会主

---

① 周恩来. 周恩来选集(下卷)[M]. 北京:人民出版社,1984:159-160.
② 周恩来. 周恩来选集(下卷)[M]. 北京:人民出版社,1984:412.
③ 毛泽东. 毛泽东文集(第7卷)[M]. 北京:人民出版社,1999:214.
④ 毛泽东. 毛泽东文集(第8卷)[M]. 北京:人民出版社,1999:133.

义社会的矛盾学说是中国共产党社会发展理论的重大成果，为后来改革开放伟大事业开创奠定了坚实的理论基础。

（二）"抓革命，促生产"的阶级斗争动力观

社会主义制度确立后，阶级斗争还是不是社会发展的动力，党对这个问题的认识经历了一个曲折的过程。社会主义改造完成后，党中央准确把握社会主要矛盾的变化，适时提出将党和国家的工作重点转到技术革命和社会主义建设上来。但是当时国际国内都发生了一些复杂的情况，国际上发生了波匈事件，国内一些资产阶级右派分子借整风运动对党发起进攻，党中央修改了八大对社会主要矛盾的判断，重提无产阶级和资产阶级的矛盾是社会的主要矛盾，并将阶级斗争视为社会发展的动力，提出"抓革命、促生产"的口号，认为抓阶级斗争能够推动经济的发展。事实证明，在社会主义制度确立后，把阶级斗争作为社会的主要矛盾，极大地干扰了社会主义发展的历史进程，后来由于发生了反右派斗争扩大化及"文化大革命"，给社会主义事业带来了重大损失。

（三）夸大了主观能动性在推动生产方面的作用

客观规律性和主观能动性的辩证关系原理是马克思主义的基本原理。在探索社会主义建设的过程中，由于党对社会主义建设规律知之不深，在探索中经历了一些失误和波折。特别是社会主义改造和"一五"计划的顺利完成，部分党和国家的领导人滋长了骄傲自满的情绪，认为社会主义制度加上群众运动将无往不胜，再加上当时国际上弥漫着的赶超氛围，党在指导思想上出现了急躁冒进的倾向，在实践中发生了夸大人的主观能动性，违背客观规律的"大跃进"运动。一

时间,"人有多大胆,地有多大产""不怕做不到,就怕想不到"等报道屡屡见诸报端,造成了极大的误导,使国家的经济建设遭受了严重挫折。历史经验告诉我们,无论是在革命还是在建设过程中,精神因素的作用无疑是十分重要的。人总是要有点精神的,否则就会知难而退,畏缩不前,干不好事情。但是,单纯重视精神上的激励作用,忽视人类活动要遵循自然和社会规律,最终必然遭受挫折和失败。

六、关于社会主义发展战略的思考

在中国共产党的历史上,毛泽东最早提出了社会主义的发展阶段问题。1957 年,毛泽东在《关于正确处理人民内部矛盾的问题》一文提出:"我国的社会主义制度还刚刚建立,还没有完全建成,还不完全巩固。"[①] 文中首次将社会主义分为"建立"与"建成"两个阶段。1959 年,毛泽东在读苏联《政治经济学教科书》的谈话指出,"建设社会主义,原来要求是工业现代化,农业现代化,科学文化现代化,现在要加上国防现代化。在我们这样的国家,完成社会主义建设是一个艰巨任务,建成社会主义不要讲得过早了。"[②] 毛泽东同时提出,社会主义可分为两个阶段,第一个阶段是不发达的社会主义,第二个阶段是比较发达的社会主义,他认为后一个阶段可能比前一阶段需要更长的时间。根据对社会主义发展阶段的划分,毛泽东充分估计了社会主义建设的长期性。在"大跃进"遭遇了严重的挫折后,毛泽东对社会主义现代化的艰巨性进行了重新思考。1962 年,在总结"大跃进"运动的经验教训时,他说:"中国的人口多、底子薄,经济落后,要

---

① 毛泽东. 毛泽东文集(第 7 卷)[M]. 北京:人民出版社,1999:214.
② 毛泽东. 毛泽东文集(第 8 卷)[M]. 北京:人民出版社,1999:116.

使生产力很大地发展起来,要赶上和超过世界上最先进的资本主义国家,没有一百多年的时间,我看是不行的。也许只要几十年,例如有些人所设想的五十年,就能做到。果然这样,谢天谢地,岂不甚好。但是我劝同志们宁肯把困难想得多一点,因而把时间设想得长一点。三百几十年建设了强大的资本主义经济,在我国,五十年内外到一百年内外,建设起强大的社会主义经济,那又有什么不好呢?"① 1963 年 9 月,中央工作会议第一次提出了中国现代化建设分两步走的战略:"第一步,建立一个独立的、比较完整的工业体系和国民经济体系,使我国工业大体接近世界先进水平;第二步,使我国工业走在世界前列,全面实现农业、工业、国防和科学技术现代化。"② 1964 年,全国人大三届一次会议上,周恩来正式向全国公告了实现四个现代化的宏伟目标,并明确了两步走的时间,即用大约 15 年时间(1980 年以前)实现第一步目标,力争到 20 世纪末实现第二步奋斗目标。

七、关于人与自然的关系

新中国成立初期,实现工业化是当时面临的首要任务。但随着大规模工业建设的展开,经济建设和环境之间的矛盾开始在一定范围内凸显出来。在第一代中央领导集体中,周恩来较早关注到了工业建设和环境保护之间的关系。1963 年,国务院印发了《国务院关于黄河中游地区水土保持工作的决定》,指出,"水土保持是山区生产的生命线,是山区综合发展农业、林业和牧业生产的根本措施。积极开展水

---

① 毛泽东.毛泽东文集(第 8 卷)[M].北京:人民出版社,1999:302.
② 参见秦宣.中国特色社会主义史(上册)[M].北京:高等教育出版社,2009:99.

土保持工作,是山区广大人民的迫切要求。"① 同年,国务院发布施行《森林保护条例》,对森林资源的合理利用和保护森林做出了具体安排。1966年,周恩来在同出席全国林业工作会议的同志谈话时,强调植树造林是百年大计,他说:"工业上犯了错误,一两年就可能转过来,林业和水利上犯了错误,多少年也翻不了身来。"同时,他还把植树造林与子孙后代的发展联系起来,语重心长地指出:"治水治错了,树砍多了,下一代也要说你。"② 当然,由于特殊的时代背景,当时党和国家工作的主要关注点还是发展经济,但是周恩来代表中国共产党关于植树造林和水利建设等问题的重要讲话,在今天看来是极富远见的,也是非常难能可贵的。

在中国这样一个东方大国如何建设和发展社会主义,是中国共产党面临的一项崭新课题。以毛泽东为核心的第一代中央领导集体在新中国一穷二白的基础上,为寻找适合中国国情的发展道路进行了艰辛探索,并取得了许多重要的理论成果,积累了许多社会主义建设的宝贵经验。但是由于中国共产党没有社会主义建设的实际经验,再加上当时复杂的国际国内背景,第一代中央领导集体在探索的过程走了一些弯路,经历了一些挫折,但是无论是探索的成功经验还是失误的教训,都是中国共产党的宝贵财富,为中国共产党人继续对社会主义发展道路的探索奠定了基础,提供了重要的参考和借鉴。

---

① 中共中央文献研究室. 建国以来重要文献选编(第十六册)[M]. 北京:中央文献出版社,1997:285.
② 周恩来. 周恩来选集(下卷)[M]. 北京:人民出版社,1984:446.

<<< 第三章　中国共产党社会发展理论的初步探索

本章小结

中国共产党自成立以来，一直为了寻找适合中国的发展道路进行艰辛的探索。本章全面总结和梳理了以毛泽东为代表的中国共产党人为推动中国发展进行的艰辛的理论探索。

在新民主主义革命时期，以毛泽东为代表的中国共产党人对中国未来的发展进行谋划，提出新民主主义革命的胜利是实现中国发展的前提条件，社会主义道路是中国未来的发展方向，实现工业化是中国发展的目标。

新中国成立后，以毛泽东为代表的中国共产党人在一穷二白的基础上，完成了从新民主主义向社会主义的过渡，确立了社会主义基本制度，为中国的发展奠定了政治前提和制度基础；明确提出以苏为鉴，独立自主地探索符合中国实际国情的社会主义建设道路；确立了社会主义发展的目标是实现四个现代化、建设一个伟大的社会主义国家；提出发展生产力是这一时期的主要任务；对社会主义社会发展动力进行思考，提出社会基本矛盾是社会发展的动力；对社会主义发展阶段进行了初步划分，提出了社会主义发展战略；对于人与自然的关系也有一定程度的关注。

在这一时期，中国共产党的发展思想虽然还处在探索阶段，在探索过程中也出现了一些挫折和失误，但是仍取得了重要的理论成果，积累了宝贵的经验，为中国后来的发展奠定了基础，提供了重要的参考和借鉴。

第四章

中国共产党社会发展理论的开创发展

如果说以毛泽东为代表的中国共产党人对中国发展问题的认识还处在初步探索阶段，取得的成果还不够成熟的话，改革开放以后，中国共产党的社会发展理论则进入了一个创新发展的新阶段。以邓小平为代表的中国共产党人从什么是发展、为何发展、如何发展等方面做出了重大理论创新，提出了"发展是硬道理"的重要论断，江泽民提出"发展是党执政兴国的第一要务"，胡锦涛提出了"科学发展观"。在马克思主义社会发展理论指导下，这些重要理论成果开创了中国共产党社会发展理论的新篇章。

第一节 发展是硬道理

对待发展问题应持有什么样的态度，从什么样的高度来看待发展问题，是推动发展的首要前提。党的十一届三中全会以后，邓小平以一个战略家的眼光，把发展放到前所未有的高度。

一、提出"发展是硬道理"的重要论断

(一) 发展是全人类共同面对的时代主题

发展是当今的时代主题,这是邓小平在准确把握世界政治力量对比的基础上做出的重大判断。1985年,邓小平提出:"现在世界上真正大的问题,带全球性的战略问题,一个是和平问题,一个是经济问题或者说发展问题。和平问题是东西问题,发展问题是南北问题。概括起来,就是东西南北四个字。南北问题是核心问题。"[①] 发展成为时代主题,意味着发展不仅仅是发展中国家面临的问题,也是发达国家面临的问题。对于发展国家来说,能否摆脱贫穷落后,加快发展,关乎民族存亡;发达国家则面临发展的速度问题,以及再发展的问题。此外,随着全球化进程的不断加深,国家之间的依存度不断提升,融合和冲突也日渐激烈。发达国家要发展,发展中国家更需要发展,如果发达国家把自身的发展建立发展中国家贫穷和落后的基础之上,必将造成发达国家越来越发达,落后国家越来越落后,这样的发展是不利于人类社会的整体发展和世界稳定的。因此,邓小平主张从全人类的高度看待发展问题。中国加快发展不仅有利于自己,更有利于世界。

(二) 发展是社会主义优越性的重要体现

马克思主义认为,社会主义是比资本主义更先进的社会制度。但是在改革开放初期,资本主义制度经过几百年的发展,已经率先实现了现代化,许多资本主义国家已经进入发达国家行列。而我国的社会主义建设刚刚起步,经济文化水平都相对落后。在这种条件下,如何

---

① 邓小平. 邓小平文选(第3卷)[M]. 北京:人民出版社,1993:105.

体现社会主义的优越性，使人民相信社会主义、拥护社会主义，使社会主义在和资本主义竞争的过程中赢得比较优势，是邓小平长期思考的问题。邓小平认为，"讲社会主义，首先就要使生产力发展，这是主要的。只有这样，才能表明社会主义的优越性"①。在此基础上，邓小平对社会主义本质做出了新的概括：即"社会主义的本质，是解放生产力，发展生产力，消灭剥削，消除两极分化，最终达到共同富裕"②。从社会主义本质的高度看待解放和发展生产力，是邓小平的重大理论贡献。在社会主义本质理论的指导下，中国共产党把解放和发展生产力作为社会主义的主要任务，经过几十年的努力使中国改变了贫穷落后的面貌，使社会主义在中国展现出生机与活力，在与资本主义的竞争中，社会主义的优越性日益显现，吸引力和感召力也在日渐增强。

（三）发展是解决中国所有问题的关键

新中国成立后，在中国共产党的领导下，中国的社会主义建设取得了辉煌成就。但与此同时，由于中国共产党对社会主义建设规律知之不深，再加上当时复杂的国际国内环境，社会主义建设遇到了严重的困难和挫折。如何解决这些问题，邓小平认为就是要找到一条比较快的发展道路，使中国摆脱贫穷和落后。他说，"中国解决所有问题的关键是要靠自己的发展"③。只有通过发展，才能摆脱贫穷，赶上时代，实现国富民强，否则必将被历史所淘汰。邓小平明确告诫人们，"不坚持社会主义，不改革开放，不发展经济，不改善人民生活，只

---

① 邓小平. 邓小平文选（第3卷）[M]. 北京：人民出版社，1993：314.
② 邓小平. 邓小平文选（第3卷）[M]. 北京：人民出版社，1993：373.
③ 邓小平. 邓小平文选（第3卷）[M]. 北京：人民出版社，1993：265.

能是死路一条"①。由此，邓小平把发展提高到关乎国家、民族前途命运的高度，做出了改革开放的伟大决策。1992年，邓小平在南方谈话中总结了改革开放以来社会主义建设的实际经验，提出了"发展才是硬道理"的重要论断，号召全党，抓住时机，加快发展，使中国尽快发达起来。

二、有中国特色的社会主义发展道路

道路问题是中国发展面临的首要问题。中国要实现现代化，必须走社会主义道路，这是历史和人民的选择。但是在一个脱胎于半殖民地半封建社会的东方大国，应该走一条什么样的社会主义道路，这在社会主义发展史上没有成功的先例。对此，邓小平提出中国的现代化建设必须从中国实际出发，既不能教条地理解马克思主义经典作家的论述，也不能照搬别国经验，而必须要把马克思主义基本原理同中国的具体国情相结合，"建设有中国特色的社会主义"②，坚定不移地走自己的路。"有中国特色的社会主义"有两层含义，一方面，中国的发展道路必须始终坚持社会主义方向和社会主义制度属性，中国特色社会主义是社会主义而不是资本主义。邓小平指出，只讲现代化，不讲社会主义，"这就忘记了事物的本质，也就离开了中国的发展道路"③，"如果我们不坚持社会主义，最终发展起来也不过成为一个附庸国，而且就连想要发展起来也不容易……只有社会主义才能发展中

---

① 邓小平. 邓小平文选（第3卷）[M]. 北京：人民出版社，1993：370.
② 邓小平. 邓小平文选（第2卷）[M]. 北京：人民出版社，1993：23.
③ 邓小平. 邓小平文选（第3卷）[M]. 北京：人民出版社，1993：204.

国"[1]。另一方面，中国特色社会主义发展道路要立足于社会主义初级阶段的基本国情，不能脱离国情要求在初级阶段实现社会主义的全部特征，不能犯超越阶段的错误。由于进入社会主义的起点低，中国的社会主义初级阶段将是一个长期的历史过程。这一论断既是对中国特色社会主义建设经验教训的深刻总结，也是改革开放事业顺利进行的重要前提。

三、我国处于并将长期处于社会主义初级阶段

科学认识和准确把握中国所处的发展阶段，是中国共产党制定一切政策的前提和依据。社会主义制度确立后，对于中国所处的发展阶段，毛泽东曾提出了比较正确的认识。但由于当时中国刚刚进入社会主义社会，缺少足够的经验，毛泽东关于社会主义发展阶段的认识没有得到很好地坚持和进一步发展，以致后来发生了"大跃进"等超越阶段的错误，使社会主义事业遭受了重大损失。十一届三中全会以后，以邓小平为代表的中国共产党人总结历史和现实经验，准确地把握了我国的基本国情。1987年，中国共产党的十三大召开前夕，邓小平指出："社会主义本身是共产主义的初级阶段，而我们中国又处在社会主义的初级阶段，就是不发达的阶段。一切都要从这个实际出发，根据这个实际来制订规划。"[2] 这一论述第一次把社会主义初级阶段作为事关全局的基本国情加以把握，明确了党制定一切路线、方针、政策都要以基本国情为出发点和根本依据。之后召开的党的十三大把邓小

---

[1] 邓小平．邓小平文选（第3卷）［M］．北京：人民出版社，1993：311.
[2] 邓小平．邓小平文选（第3卷）［M］．北京：人民出版社，1993：252.

平关于社会主义初级阶段国情的判断正式确定下来，并制定了中国共产党在社会主义初级阶段的基本路线。正是由于科学认识和准确把握了社会主义初级阶段的基本国情，制定了符合国情的路线、方针、政策，中国社会主义现代化建设蓬勃开展起来。

四、"三步走"的发展战略

实现现代化是中国人民梦寐以求的夙愿。新中国成立后，中国共产党曾经提出在20世纪内实现"四个现代化"的奋斗目标。然而，由于党在探索社会主义建设的过程中经历挫折，"文化大革命"结束后，距离20世纪末只剩下20年左右的时间，如期实现现代化的目标十分困难。为此，邓小平强调要从中国的实际情况出发，走出一条中国式的现代化道路。1987年4月，邓小平第一次提出了分"三步走"基本实现现代化的战略。党的十三大把邓小平的"三步走"战略确定下来，明确提出，"第一步，从1981年到1990年实现国民生产总值比1980年翻一番，解决人民的温饱问题；第二步，从1991年到20世纪末，使国民生产总值再翻一番，达到小康水平；第三步，到21世纪中叶，国民生产总值再翻两番，达到中等发达国家水平，基本实现现代化"[1]。"三步走"的发展战略，体现了中国共产党人实事求是的科学态度，根据时代和实践的变化，在新的历史条件下，把中国社会主义现代化建设的宏伟目标具体化为切实可行的战略步骤，为中国基本实现现代化明确了发展方向，展现了美好的前景，成为中国人民为共同理想而努力奋斗的行动纲领。

---

[1] 中共中央文献研究室.十三大以来重要文献选编（上）[M].北京：人民出版社，1991：16.

五、改革是社会发展的动力

作为改革开放的总设计师,将改革作为发展的动力是邓小平发展思想的重要内容。社会主义制度确立后,毛泽东提出了社会主义矛盾学说,认为社会主义社会的基本矛盾可以通过社会主义制度本身不断得到解决,奠定了通过改革发展生产力的理论基础。但遗憾的是,这一科学判断没能在实践中很好地坚持下去,犯了片面夸大阶级斗争,"以阶级斗争为纲"的错误,社会主义建设的探索遭受了重大挫折。党的十一届三中全会之后,邓小平继承和发展了毛泽东关于社会主义社会基本矛盾的学说,形成了社会主义改革开放理论。他指出:"革命是解放生产力,改革也是解放生产力。……社会主义基本制度确立以后,还要从根本上改变束缚生产力发展的经济体制,建立起充满生机和活力的社会主义经济体制,促进生产力的发展,这是改革,所以改革也是解放生产力。"[①] 改革开放以来,在这一理论的指导下,我们对束缚生产力发展的经济体制、政治体制、科技体制等进行了根本性的变革,极大地解放了生产力,使社会主义释放出前所未有的生机和活力,取得了举世瞩目的辉煌成就。

六、安定的国内环境与和平的国际环境是发展的必要条件

邓小平指出:"中国要实现自己的发展目标,必不可少的条件是安定的国内环境与和平的国际环境。我们不在乎别人说我们什么,真正在乎的是有一个好的环境来发展自己。"[②] 这段论述明确指出了安定

[①] 邓小平. 邓小平文选(第3卷)[M]. 北京:人民出版社,1993:370.
[②] 邓小平. 邓小平文选(第3卷)[M]. 北京:人民出版社,1993:360.

的国内环境与和平的国际环境是中国谋求发展必不可少的条件。20世纪80年代末90年代初,国内外发生了一些政治风波,一些国家对中国实施制裁,社会主义阵营弥漫着不安定的气氛。在这样的背景下,邓小平指出:"中国要实现自己的发展目标,必不可少的条件是安定的国内环境与和平的国际环境。"① 谈到发展的国内环境,邓小平反复指出,"中国的问题,压倒一切的是需要稳定"②。总结"文化大革命"的教训,一个重要的结论就是,没有稳定的政治和社会环境,改革不可能顺利推进,发展更是无从谈起。1987年,邓小平会见美国前总统卡特时指出:"中国的主要目标是发展,是摆脱落后,使国家的力量增强起来,人民的生活逐步得到改善。要做这样的事,必须有安定的政治环境。没有安定的政治环境,什么事情都干不成。"③ 邓小平还强调,中国发展另一个必不可少的条件是和平的国际环境,只有在和平的环境下,中国才能够安心搞改革、谋发展。邓小平通过对国际政治力量对比的准确把握,得出世界大战在短时期内打不起来,当今世界的主题是和平与发展的重大判断,中国有可能争取到和平的环境搞建设、谋发展,要抓住难得的机遇,发展自己。邓小平多次表示中国是维护世界和平的力量,中国最需要和平,只有和平才能加快自身发展,体现社会主义的优越性,才能进一步为世界和平做出更大贡献。

---

① 邓小平. 邓小平文选(第3卷)[M]. 北京:人民出版社,1993:360.
② 邓小平. 邓小平文选(第3卷)[M]. 北京:人民出版社,1993:286.
③ 邓小平. 邓小平文选(第3卷)[M]. 北京:人民出版社,1993:244.

七、全面协调持续的发展思想

(一) 全面发展的思想

党的十一届三中全会后,经济建设被确定为党的中心工作。经济工作是中心工作,绝不意味着经济建设是实现现代化的唯一任务。邓小平在1980年就指出:"现代化建设的任务是多方面的,各个方面需要综合平衡,不能单打一。"[①] 邓小平指出,经济建设与发展教育和科学,经济建设同政治、法律等工作都是相互依存的,不能顾此失彼。他同时指出,在社会主义建设中存在经济工作与科教文卫工作比例失调的现象,必须下大力气抓紧抓好。邓小平多次强调"物质文明和精神文明两手抓,两手都要硬"。根据邓小平的相关思想,党的十二大指出,我国的社会主义现代化建设不仅要促进社会主义经济的全面高涨,而且要努力建设高度的社会主义精神文明和社会主义民主。党的十三大制定了社会主义初级阶段的基本路线,把建设富强、民主、文明的社会主义现代化国家确定为社会主义初级阶段的奋斗目标。

(二) 协调发展的思想

邓小平认为,"全国一盘棋,集中力量,保证重点"[②],是社会主义相对于资本主义优越性的体现。中国是一个发展中大国,由于历史、现实和自然条件等方面的差异,存在着发展不平衡及贫富差距的问题。与此同时,广大干部群众希望快速摆脱贫穷落后状态的愿望十分迫切。对此,邓小平提出先富带动后富,最终实现共同富裕的思想,

---

① 邓小平. 邓小平文选(第2卷)[M]. 北京:人民出版社,1993:250.
② 邓小平. 邓小平文选(第3卷)[M]. 北京:人民出版社,1993:17.

协调处理不同人群的利益关系。在此基础上，针对地区差异，邓小平提出了沿海和内地"两个大局"的思想，指出社会主义建设过程中，沿海和内地都要顾全大局，通过有先有后的发展，来促进沿海和内地的协调发展。西部大开发就是在邓小平"两个大局"的思想基础上提出来的。此外，对于发展的速度和效益问题，邓小平强调既要迅速发展，也要适当控制速度和固定资产的投资规模，为日后发展打下基础。

（三）持续发展的思想

作为一位具有战略眼光的大国领导人，邓小平关注的不仅仅是眼前几年的发展，而是着眼长远，为中国未来的发展打下良好的基础，实现可持续发展。邓小平认为人才资源是发展的不竭动力，因此，他高度重视教育强国，重视科技强国。从1977年恢复高考，到全国科学大会的召开，从培育"四有"新人到提出"教育要面向现代化、面向世界、面对未来"[1]，邓小平始终把教育放在重要位置。他指出，"教育是一个民族最根本的事业……尊重知识、尊重人才是长远的根本大计"[2]。除了把改革作为发展的动力，邓小平认为，"科学技术是第一生产力"，"中国要发展，离开科学不行"[3]。邓小平认为21世纪是高科技的世纪，即使在生产力不够发达的情况下，中国也要下定决心在高科技领域进行投资，因为高科技领域的发展关乎中国未来的长远发展，如果中国不参与高科技领域的研发，不加入发展的行列，与世界先进水平的差距就会越来越大。此外，邓小平认为改革也是为今后的

---

[1] 邓小平. 邓小平文选（第3卷）[M]. 北京：人民出版社，1993：35.
[2] 中共中央文献研究室. 邓小平论教育 [M]. 北京：人民教育出版社，2004：176.
[3] 邓小平. 邓小平文选（第3卷）[M]. 北京：人民出版社，1993：183.

发展奠定基础，他指出："没有改革就没有今后的持续发展。"① 对于经济发展和环境保护的关系，邓小平提出，"植树造林，绿化祖国，造福后代"②。

八、评价发展的标准："三个有利于"

发展是社会主义的本质要求，是社会主义优越性的重要体现。党的十一届三中全会以来，中国共产党开创了改革开放的伟大事业，为社会主义事业的发展提供了不竭动力，取得了辉煌成就。与此同时，关于改革是非成败的争论一直持续了很长时间。早在1980年，邓小平就提出了一个判断党的经济政策正确与否的标准，他指出，"社会主义经济政策对不对，归根到底要看生产力是否发展，人民收入是否增加。这是压倒一切的标准"③。20世纪80年代末90年代初，针对国内外对改革的各种争论和质疑，邓小平将马克思关于发展的评价标准与社会主义初级阶段的基本国情结合起来，富有创见性地提出了"三个有利于"的标准，即"判断各方面工作的是非得失，归根到底，要以是否有利于发展社会主义社会的生产力，是否有利于增强社会主义国家的综合国力，是否有利于提高人民的生活水平为标准"④，从而避免了因为抽象的争论而贻误改革时机，使改革开放事业得以顺利推进。值得注意的是，邓小平"三个有利于"的标准是紧密结合社会主义制度来谈的，不能脱离社会主义本质属性抽象地加以理解。

---

① 邓小平. 邓小平文选（第3卷）[M]. 北京：人民出版社，1993：131.
② 邓小平. 邓小平文选（第3卷）[M]. 北京：人民出版社，1993：21.
③ 邓小平. 邓小平文选（第2卷）[M]. 北京：人民出版社，1993：314.
④ 邓小平. 邓小平文选（第3卷）[M]. 北京：人民出版社，1993：372.

总之，邓小平在发展问题上的远见卓识，为中国共产党追求社会主义现代化的发展目标奠定了坚实的理论基础。虽然时代在发展变化，但是邓小平关于发展的诸多论述今天依然闪耀着耀眼的理论光芒，指引中国共产党人为实现社会主义现代化的宏伟目标不懈奋斗。

第二节 发展是党执政兴国的第一要务

从党的十三届四中全会到党的十六大的 13 年中，世界社会主义阵营经历了剧烈的动荡，社会主义运动进入低潮，社会主义的发展道路和发展模式经历了来自国内外的严峻挑战和考验。以江泽民同志为代表的中国共产党人临危不乱，实现了中国共产党社会发展理论的接续发展。

一、发展是党执政兴国的第一要务

以江泽民为代表的中国共产党人一以贯之地重视发展问题。2000年，江泽民在党的十五届五中全会上指出，"发展是硬道理，这是我们必须始终坚持的一个战略思想"。江泽民认为对待发展问题，不仅要从经济上看，还要从政治上看。20 多年成就的取得靠的是发展，要解决我国正在面临的各种复杂的国际国内问题，也要靠发展。在"三个代表"重要思想中，首要要求就是"中国共产党要始终代表中国先进生产力的发展要求"[1]。江泽民把发展问题与党的前途和命运联系在

---

[1] 江泽民. 江泽民文选（第 3 卷）[M]. 北京：人民出版社，2006：2.

一起，认为发展不仅关乎党的先进性的体现，也关乎社会主义优越性的体现，没有发展就不可能巩固中国共产党的执政地位，不可能实现国家的长治久安，更谈不上实现国富民强。2002年，党的十六大报告以高度的历史责任感和使命感提出，"贯彻'三个代表'重要思想，必须把发展作为党执政兴国的第一要务，不断开创现代化建设的新局面。离开发展，坚持党的先进性、发挥社会主义制度的优越性和实现民富国强都无从谈起"①。

二、坚持社会主义发展道路不动摇

1989年，国内外发生了一些重大政治事件，对于中国改革开放的方向出现了各种议论。面对复杂的国际国内形势，以江泽民为代表的中国共产党人坚持和邓小平一样的信念，即党的十一届三中全会以来的方针路线绝不能改变。江泽民在党的十三届四中全会上明确表示，"在这个最基本的问题上，我要十分明确地讲两句话：一句话是坚定不移，毫不动摇；一句话是全面执行，一以贯之"②。面对20世纪90年代风云激荡的国际环境和来自国内关于改革的各种争论，以江泽民为核心的第三代中央领导集体表现出强大的政治定力，坚定捍卫中国改革发展的社会主义航向，奠定了中国稳定发展的重要政治前提。

（一）划清两种改革观的界限

党的十一届三中全会以来，围绕改革开放一直存在着各种争论，最核心的问题就是中国的改革是坚持社会主义还是走向资本主义。对

---

① 江泽民. 江泽民文选（第3卷）[M]. 北京：人民出版社，2006：538.
② 江泽民. 江泽民文选（第1卷）[M]. 北京：人民出版社，2006：486.

这一问题的回答关乎改革的政治方向，也关系到党和国家的前途和命运。针对这一争论，江泽民在1989年就曾提出要分清两种截然不同的改革观，他认为，一种改革观是党中央和邓小平同志一贯主张的坚持四项基本原则的改革开放，即通过改革开放使社会主义制度得到完善和发展；另一种是坚持资产阶级自由化、否定四项基本原则的改革开放，主张中国"全盘西化"，即通过改革开放使中国走上资本主义道路，把中国纳入西方资本主义体系。四项基本原则和资产阶级自由化的尖锐对立，主要表现在改革开放要不要坚持社会主义方向这个问题上。① 两年后，他又重申这一点。划清两种改革观的界限，实质上就是明确中国的发展道路和发展方向。江泽民关于两种改革观的论述，向国内外各种力量鲜明地表明了中国共产党推进改革开放的目的和态度：中国的改革不是放弃社会主义，而是坚持和发展社会主义，是社会主义制度的自我完善和发展。

(二) 明确提出中国特色社会主义道路

中国的发展必须坚持社会主义道路是历史和人民的选择，但是在经济文化落后的中国究竟如何坚持社会主义道路，几代中国共产党人进行了艰辛探索。党的十三届四中全会以后，以江泽民为代表的中国共产党人立足于社会主义初级阶段基本国情，解放思想，实事求是，与时俱进，逐步深化对中国特色社会主义发展道路的认识，取得了重大的理论突破。党的十四大报告明确指出，在"社会主义的发展道路问题上，强调走自己的路，不把书本当教条，不照搬外国模式，以马

---

① 参见中共中央文献研究室. 十三大以来重要文献选编（中）[M]. 北京：人民出版社, 1991: 618.

克思主义为指导，以实践作为检验真理的唯一标准，解放思想，实事求是，尊重群众的首创精神，建设有中国特色的社会主义"①。2002年，党的十六大总结了十三届四中全会以来建设中国特色社会主义建设的经验，正式提出了"中国特色社会主义"的科学概念，体现了中国共产党对中国的发展道路和方向更加清晰、更加明确、更加自信，把中国共产党对中国发展道路的认识推进到了一个新的发展阶段。

三、尊重世界各国发展道路的多样性

20世纪后期，随着经济全球化进程的不断加快，面对一些西方国家经常用民主、自由、人权和西方的政治制度模式对别国施加影响的做法，江泽民多次明确表示，中国共产党走中国特色社会主义道路的决心坚定不移。他坚信即使社会主义事业经历低潮，但社会主义的前途依然光明，对社会主义最终取代资本主义的前途充满信心。同时，他也强调每个国家都有选择自己发展道路的权利，强调尊重世界各国发展道路的多样性。1993年，在同古巴领导人卡斯特罗会谈时，江泽民指出："我们认为，世界是丰富多彩的，存在着不同的社会形式。一个国家走什么道路，应该由这个国家的人民根据本国的历史传统、经济水平、教育水平等各方面条件自己选择。"② 1995年，在联合国成立50周年的纪念会议上，针对一些大国推行霸权主义和强权政治，干涉别国内政，将本国的发展模式、政治制度和价值观念强加于人的做法，江泽民明确地表示了抵制和反对。对于人类社会的未来发展，表明了中国共产党和中国人民的态度，即"要造成自主选择、求同存异

---

① 江泽民. 江泽民文选（第1卷）[M]. 北京：人民出版社，2006：219.
② 江泽民. 江泽民文选（第1卷）[M]. 北京：人民出版社，2006：338.

的国际和谐局面"①，同时阐明"世界上约有二百个国家……每个国家和民族都有自己的特点和长处，大家只有彼此尊重、求同存异、和睦相处、互相促进，才能创造百花争妍、万紫千红的世界。不承认、不尊重世界多样性，企图建立清一色的一统天下，是必定要碰壁的"②。2001年，在建党80周年大会的讲话中，江泽民再次强调："世界是丰富多彩的。……世界各种文明和社会制度，应长期共存，在竞争比较中取长补短，在求同存异中共同发展。"③

江泽民关于人类社会发展道路多样性的论述有着深刻的现实根源。长期以来，以美国为首的西方国家在世界范围内推行的"西方中心论"，由于意识形态的差异，部分西方国家恶意抨击中国的发展道路和发展模式，一些西方学者鼓吹"现代化就是西方化""资本主义终结了人类历史"，等等。在这样的背景下，我们大力倡导尊重人类发展道路的多样性，是对这些论调的鲜明回应。

四、把人的全面发展作为社会主义发展的本质要求

人的全面自由发展是马克思主义哲学的终极追求。将人的发展作为社会发展的最终检验标准，是马克思社会发展理论的鲜明特征。江泽民在坚持马克思主义基本原理的基础上，立足社会主义初级阶段的基本国情，在党的历史上第一次把人的全面发展纳入社会主义本质要求的范畴。江泽民指出："我们建设有中国特色社会主义的各项事业，我们进行一切工作，既要着眼于人民现实的物质文化生活需要，同时

---

① 江泽民. 江泽民文选（第1卷）[M]. 北京：人民出版社，2006：486.
② 江泽民. 江泽民文选（第1卷）[M]. 北京：人民出版社，2006：486.
③ 江泽民. 江泽民文选（第3卷）[M]. 北京：人民出版社，2006：298.

又要着眼于促进人民素质的提高，也就是努力促进人的全面发展，这是马克思主义关于建设社会主义新社会的本质要求。"① 同时，对于经济发展、文化发展与人的发展之间的关系，江泽民强调，"推进人的全面发展，同推进经济、文化的发展和改善人民物质文化生活，是互为前提和基础的。人越全面发展，社会的物质文化财富就会创造得越多，人民的生活就越能得到改善，而物质文化条件越充分，又越能推进人的全面发展。社会生产力和经济文化的发展水平是逐步提高、永无止境的历史过程，人的全面发展程度也是逐步提高、永无止境的历史过程。这两个历史过程应相互结合、相互促进地向前发展"②。换言之，经济发展、文化发展与人的发展是相互促进、辩证统一的。人的发展程度体现着社会发展进步的程度，相对于资本主义制度下的人的异化现象，人的全面发展只有在社会主义新制度下才有可能实现，人的发展是社会主义的本质要求。

五、实施科教兴国、可持续发展和西部大开发战略

（一）科教兴国战略

进入20世纪90年代以来，科学技术的发展日新月异，科学技术在转化为生产力方面的作用不断凸显。世界各国特别是一些大国纷纷抢抓机遇，加紧制定面向21世纪的科技发展战略，科技领域的竞争日益激烈。改革开放以来，中国经济的增长速度举世瞩目，但是中国经济的增长方式基本上是外延式、粗放式的增长，拉动经济的增长点主

---

① 江泽民. 江泽民文选（第3卷）[M]. 北京：人民出版社，2006：294.
② 江泽民. 江泽民文选（第1卷）[M]. 北京：人民出版社，2006：295.

要是依靠资源、资金和廉价劳动力。面对激烈的国际竞争,中国进入实现第三步发展战略的历史关键期,以江泽民为代表的党中央提出了科教兴国战略:"科教兴国,是指全面落实科学技术是第一生产力的思想,坚持教育为本,把科技和教育摆在经济社会发展的重要位置,增强国家的科技实力及向现实生产力转化的能力,提高全民族的科技文化素质,把经济建设转到依靠科技进步和提高劳动者素质的轨道上来,加速实现国家繁荣强盛。"[①] 之后,实施科教兴国战略被确定为加速我国社会主义现代化建设的重要方针。1996年,全国人大八届四次会议把"科教兴国"战略确定为中国发展的基本国策。科教兴国战略的提出,凸显了以江泽民为代表的中国共产党人的战略远见。这一战略的实施必将使中国的生产力得到新的解放和更大的发展,使中国经济发展的质量和水平得到大的改善和提升,为中国未来的发展奠定坚实的基础,提供源源不断的不竭动力。

(二) 可持续发展战略

20世纪后半叶以来,西方国家相继发生了多起环境污染事件,造成了严重的后果。资本主义制度出现以来,创造了巨大的生产力,但是也给自然界带来了前所未有的破坏。西方国家在实现现代化的过程中,生产力得到了前所未有的发展,但也付出了巨大的代价。如何解决现代化与资源、环境之间的矛盾,促进人类社会的可持续发展,引起了世界各国的普遍关注。从中国的实际情况来看,改革开放以来,中国经济快速发展,取得了巨大的成就,与此同时经济发展与环境、资源之间的矛盾也日益凸显出来,如果这一矛盾不能得到妥善处理,

---

① 江泽民. 江泽民文选(第1卷)[M]. 北京:人民出版社,2006:428.

必将制约中国未来的发展。在此基础上，中国共产党对国内外发展的经验教训进行了深刻反思，提出了可持续发展战略。江泽民指出，"可持续发展，就是既要考虑当前发展的需要，又要考虑未来发展的需要，不要以牺牲后代人的利益为代价来满足当代人的利益"①。1995年，党的十四届五中全会提出，在我国现代化建设中，必须把实现可持续发展作为一项重大战略方针。江泽民在十四届五中全会上的讲话中将"经济建设和人口、资源、环境的关系"列为社会主义现代化建设中必须正确处理的若干重大关系之一，他指出："在现代化建设中，必须把实现可持续发展作为一个重大战略。要把控制人口、节约资源、保护环境放到重要位置，使人口增长与社会生产力发展相适应，使经济建设与资源、环境相协调，实现良性循环。"② 1996年，江泽民在第四次全国环境保护会议上的讲话指出："环境保护很重要，是关系我国长远发展的全局性战略问题。"③ "保护环境的实质就是保护生产力……环境意识和环境质量如何，是衡量一个国家和民族的文明程度的一个重要标志。"④ 这些论述充分论证了环境保护对于经济发展，对于国家民族长远发展的重要作用。作为人口大国，中国的可持续发展尤为重要。1997年，中国共产党十五大报告强调，"我国是人口众多、资源相对不足的国家，在现代化建设中必须实施可持续发展战略。坚持计划生育和保护环境的基本国策，正确处理经济发展同人口、资源、环境的关系"⑤。实施可持续发展战略，体现了以江泽民为代表的中国

---

① 江泽民．江泽民文选（第1卷）[M]．北京：人民出版社，2006：518．
② 江泽民．江泽民文选（第1卷）[M]．北京：人民出版社，2006：463．
③ 江泽民．江泽民文选（第1卷）[M]．北京：人民出版社，2006：532．
④ 江泽民．江泽民文选（第1卷）[M]．北京：人民出版社，2006：534．
⑤ 江泽民．江泽民文选（第2卷）[M]．北京：人民出版社，2006：26．

共产党人在发展问题上的战略远见和责任担当。中国共产党人把环境保护、节约资源作为关乎人民群众切身利益的重大问题来抓,既体现了中国共产党的根本宗旨,也彰显了社会主义制度的优越性。

(三) 西部大开发战略

改革开放初期,在考虑全国经济协调发展的问题时,邓小平提出了"两个大局"的思想。经过20多年的发展,东部沿海地区实现了较快发展。到20世纪末,加快西部地区发展的条件已具备,时机也已经成熟。以江泽民为代表的党中央适时提出了西部大开发战略。1999年6月,江泽民指出,要"不失时机地实施西部大开发战略"。他认为,实施西部大开发战略,对于全国的发展和国家的长治久安具有十分重要的经济意义和社会政治意义。[1] 他同时指出,"没有西部地区的稳定就没有全国的稳定,没有西部地区的小康就没有全国的小康,没有西部地区的现代化就不能说实现了全国的现代化"[2]。指出实施好西部大开发战略"将是中华民族发展史上一项惊天动地的伟业,也将是世界开发史上一个空前的壮举"[3]。同年11月,江泽民在中央经济工作会议上表示:"实施西部地区大开发,是全国发展的一个大战略、大思路。"[4] 中央做出西部大开发的决策后,国务院于2000年10月26日发布了《关于实施西部大开发若干政策措施的通知》,制定了西部大开发的政策原则和支持重点,同时在增加资金投入、改善投资环境、扩大对外对内开放、吸引人才和发展科技教育做出具体政

---

[1] 江泽民.江泽民文选(第1卷)[M].北京:人民出版社,2006:342.
[2] 江泽民.江泽民文选(第1卷)[M].北京:人民出版社,2006:344.
[3] 江泽民.江泽民文选(第1卷)[M].北京:人民出版社,2006:346.
[4] 江泽民.江泽民文选(第1卷)[M].北京:人民出版社,2006:342.

策安排，西部大开发战略正式进入实施阶段。西部大开发战略是党中央准确把握国际国内形势变化，在我国经济发展进入一个新的历史时期之际做出的重大决策，体现了社会主义国家"全国一盘棋"制度的优越性，对于增进民族团结、维护祖国统一和社会稳定，逐步实现社会主义共同富裕的目标和中华民族伟大复兴，具有十分重大的战略意义。

六、提出创新动力论

在世界新技术革命的形势下，江泽民十分重视创新在推动社会发展方面的重要作用。他把创新同国家、民族的前途联系起来，多次强调："创新是一个民族进步的灵魂，是一个国家兴旺发达的不竭动力。"[1] 1992年，在党的十四届一中全会上的讲话中，谈到如何落实党的十四大精神，建立社会主义市场经济体制时，江泽民就提出："过去有许多做法和经验已经不适用了，要根据新的实践要求，重新学习，不断创新，与时俱进。"[2] 江泽民高度重视科技创新在推动发展中的重要作用，他多次出席中国科学院和中国工程院的院士大会，并发表重要讲话。1998年，江泽民在会见出席两院院士大会的部分院士和外籍院士时的讲话中指出，"迎接未来科学技术的挑战，最重要的是要坚持创新，勇于创新"[3]。在讲话中，江泽民同志列举了大量古今中外自然科学家、社会科学家及政治家的在青年时期就取得重大成就的例子，来说明"科学技术的发展，社会各项事业的进步，都要靠不断创

---

[1] 江泽民. 江泽民文选（第1卷）[M]. 北京：人民出版社，2006：432.
[2] 江泽民. 江泽民文选（第1卷）[M]. 北京：人民出版社，2006：256.
[3] 江泽民. 江泽民文选（第2卷）[M]. 北京：人民出版社，2006：132.

第四章 中国共产党社会发展理论的开创发展

新,而创新就要靠人才,特别要靠年轻英才不断涌现出来"①。2000年,江泽民同志在两院院士大会上讲话指出,要"在全党全社会大力弘扬科学精神和创新精神"②;6月,在兰州主持召开西北地区党建工作和西部开发座谈会时又提出,要"不断根据实践的要求进行创新",他在讲话时提出:"创新是一个民族进步的灵魂,是一个国家兴旺发达的不竭动力,也是一个政党永葆生机的源泉。""创新,包括理论创新、体制创新、科技创新及其他创新。"③ 同年,江泽民同志在北戴河会见诺贝尔奖和菲尔兹奖获得者时的谈话中指出"科学的本质是创新"④。2001年,江泽民同志在中国科学技术协会第六次全国代表大会上讲话强调,"要鼓励原始性创新"⑤。2002年,党的十六大报告指出:"通过理论创新推动制度创新、科技创新、文化创新以及其他各方面的创新,不断在实践中探索前进,永不自满,永不懈怠,这是我们要长期坚持的治党治国之道。""实践没有止境,创新也没有止境。"⑥ 将创新作为推动发展的不竭动力,是以江泽民为代表的中国共产党人关于社会发展动力论的突出特点。江泽民在不同场合反复强调创新的重要性,充分说明只有创新,才能顺利推进改革开放的伟大事业,才有中国特色社会主义事业的大好局面。

---

① 江泽民. 江泽民文选(第2卷)[M]. 北京:人民出版社,2006:135.
② 江泽民. 江泽民文选(第3卷)[M]. 北京:人民出版社,2006:34.
③ 江泽民. 江泽民文选(第3卷)[M]. 北京:人民出版社,2006:64.
④ 江泽民. 江泽民文选(第3卷)[M]. 北京:人民出版社,2006:101.
⑤ 江泽民. 江泽民文选(第3卷)[M]. 北京:人民出版社,2006:261.
⑥ 江泽民. 江泽民文选(第3卷)[M]. 北京:人民出版社,2006:537-538.

第三节　科学发展观

2002年党的十六大后，中国经济社会发展表现出新的阶段性特征。从国内来说，经济实力显著增强，但发展中的不平衡、不协调、不可持续的问题日渐突出；经济社会取得全面进步，同时发展面临新的重大结构性问题，影响发展的体制机制障碍依然存在。从国际来说，中国对外开放成就显著，但面临的竞争日趋激烈，可以预见和不可预见的风险增多。面对新问题新挑战，以胡锦涛为代表的中国共产党人提出以科学发展观统领经济社会发展全局，把中国共产党的社会发展理论推进到了一个新的发展阶段。

一、明确概括了中国特色社会主义道路

发展道路理论是社会发展理论的核心内容。党的十六大以后，国内外围绕中国的发展问题展开了各种争论，各种社会思潮相互激荡，争论的问题很多，最核心的还是关于中国特色社会主义发展道路的争论。2007年，《炎黄春秋》第二期发表了谢韬的文章《民主社会主义模式与中国前途》，一石激起千层浪，对于中国要走什么主义的道路引起了理论界的巨大争论。党的十七大第一次对中国特色社会主义道路做出了明确的界定，对各种争论做出了鲜明而清晰的回应。在党的十七大报告中，胡锦涛同志旗帜鲜明地指出："中国特色社会主义道路，就是在中国共产党领导下，立足基本国情，以经济建设为中心，坚持四项基本原则，坚持改革开放，解放和发展社会生产力，巩固和

完善社会主义制度，建设社会主义市场经济、社会主义民主政治、社会主义先进文化、社会主义和谐社会，建设富强民主文明和谐的社会主义现代化国家。"① 党的十七大报告对中国特色社会主义道路的界定，是对当时盛行的民主社会主义思潮的鲜明回应，明确宣示了中国发展只能坚持中国特色社会主义道路，民主社会主义不是社会主义，而是改良的资本主义思潮，民主社会主义的主张只能把中国的发展引到资本主义道路上去，使中国的社会发展误入歧途，偏离正确方向。

二、确立了以人为本，全面协调可持续的科学发展观

党的十六大以来，中国经济社会发展进入一个新的历史时期，成就与问题同在，机遇和挑战并存。一是中国发展进入了人均 GDP 从 1000 美元向 3000 美元跨越的历史关键时期；二是进入了社会发展不均衡矛盾可承受的边缘区；三是经济发展方式进入了由粗放增长向集约发展的转型升级期。在这样的现实条件下，各种社会矛盾日益凸显，广大人民群众对于教育、医疗、就业、养老等民生问题的关切与日俱增。在此背景下，以胡锦涛同志为代表的中国共产党人总结中国发展的阶段性特征和历史经验，根据新的发展要求，提出了科学发展观。

（一）科学发展观第一要义是发展

1. 发展是科学发展观的主题和首要内涵

科学发展观是一个内涵丰富、内容全面的理论体系，但其首要内涵是发展。胡锦涛同志指出，科学发展观，第一要义是发展。要实现社会主义现代化的奋斗目标，首要任务是发展。中国在新世纪新阶段

---

① 胡锦涛. 胡锦涛文选（第 2 卷）[M]. 北京：人民出版社，2016：620.

面临的各种问题，最主要的还是发展问题。把发展作为第一要义，既是对时代主题的准确把握，也是对中国面临实践主题的深刻洞悉，更是对社会主义建设经验的深刻总结。发展是时代主题，世界上所有国家都致力于本国的发展，一个国家要想在激烈的国际竞争中立于不败之地，必须加快发展。作为世界上最大的发展中国家，中国在几十年的发展中取得了重大成就，但由于人口多、底子薄、基础差，离现代化的目标还有很大的差距，为了不断满足人民日益增长的物质文化需要，必须加快发展。胡锦涛同志指出："科学发展观，是用来指导发展的，不能离开发展这个主题，离开了发展这个主题就没有意义了。发展首先是抓好经济发展。"①

2. 发展是科学发展和和谐发展的统一

人类社会是由各个因素构成的有机整体，经济发展是其中最核心的因素，对其他因素的发展起着决定作用。但经济发展不是发展的唯一因素，经济发展也不是发展的最终目的。经济发展和政治发展、文化发展、社会发展是辩证统一的。把发展作为执政兴国的第一要务，要处理好"好"和"快"的关系，既要注重发展的速度，更要注重发展的质量，坚持"好"字优先，促进经济社会又好又快地发展，加快转变经济发展方式。发展应该是人与人、人与社会、人与自然的和谐发展。

（二）科学发展观的核心是以人为本

将"以人为本"作为科学发展观的本质和核心，体现了中国共产党追求发展的终极目的，也彰显了社会主义国家和资本主义国家追求

---

① 胡锦涛. 胡锦涛文选（第2卷）[M]. 北京：人民出版社，2016：167.

发展目的的本质区别。资本主义国家的发展是为少数资产阶级的利益服务的，社会主义追求发展的目的是为广大人民群众的利益服务的。坚持以人为本，要尊重人民的主体地位，维护群众利益，以群众满意与否作为评价发展的标准。在社会主义初级阶段坚持以人为本，实现人的全面发展是一个长期的历史过程。根据马克思的社会形态理论，人的历史发展可分为三个阶段：人对群体的依赖阶段、人对物的依赖阶段和人的全面自由发展阶段。[①] 科学发展观坚持以人为本，追求人的全面发展，坚持了马克思主义崇高的社会理想。但是我们也应该清醒地认识到中国将长期处于社会主义初级阶段的基本国情，实现人的全面发展是一个漫长的历史过程，要付出几代人甚至十几代人的艰苦努力。因此，一方面，我们要清醒地看待人的全面发展的历史过程，从中国现阶段的经济社会发展水平出发，满足人民群众现阶段的物质文化需要，而不能超越现阶段的发展水平过于追求满足人的全部需要；另一方面，人的全面自由发展是马克思主义的最高追求，虽然不能在社会主义社会初级阶段全部实现，但是我们要以此为目标，为实现人的全面自由发展创造条件，做出现阶段应有的努力。

（三）科学发展观的基本要求是全面协调可持续

科学发展观指推进经济、政治、文化、社会全面发展。胡锦涛指出："全面发展就是以经济建设为中心，全面推进经济、政治、文化、社会、生态建设，实现经济发展和社会全面进步。"[②] 因此，落实科学发展观，要走出单一经济发展的理论和实践误区，在推动经济发展的

[①] 参见王伟光. 科学发展观概论 [M]. 北京：人民出版社，2009：174.
[②] 中共中央文献研究室. 十六大以来重要文献选编（上）[M]. 北京：中央文献出版社，2005：850.

同时，还要通过政治体制改革，推动社会主义民主政治；通过发展教育和科学，提高民族文化水平和道德水平；通过发展就业、医疗、社会保障，改善民生；通过保护环境，实现人与自然的和谐相处。因此，在追求现代化的过程中，只有全面发展，才能实现科学发展。

科学发展观要"坚持走生产发展、生活富裕、生态良好的文明发展道路"①。马克思主义认为，人通过实践活动与自然界进行物质能量交换。人的实践活动不是随心所欲的，而要遵循自然规律，受自然条件的制约。但是人类不能为了保护自然放弃经济社会发展，否则就不能满足人民日益增长的物质文化需要，不能提高保护自然的技术和能力，也不能增强抵御自然灾害和与自然界进行物质能量交换的能力。同时，人类也不能随心所欲地推动经济社会发展，为了追求经济利益掠夺自然资源，破坏环境，为了眼前利益损害子孙后代的长远利益。2004年，胡锦涛在中央人口资源环境工作座谈会中强调："可持续发展，就是要促进人与自然的和谐，实现经济发展和人口、资源、环境相协调，坚持走生产发展、生活富裕、生态良好的文明发展道路，保证一代接一代地永续发展。"② 2007年，党的十七大报告提出的全面建设小康社会奋斗目标的新要求中，明确提出要建设生态文明，改善生态环境质量，在全社会树立生态文明观念。③ 2012年，党的十八大把建设社会主义生态文明作为建设中国特色社会主义总布局的重要内容确定下来。因此，坚持走生产发展、生活富裕、生态良好的文明发展

---

① 中共中央文献研究室．十六大以来重要文献选编（上）[M]．北京：中央文献出版社，2005：850．
② 中共中央文献研究室．十六大以来重要文献选编（上）[M]．北京：中央文献出版社，2005：850．
③ 胡锦涛．胡锦涛文选（第2卷）[M]．北京：人民出版社，2016：628．

道路，既是落实科学发展观全面协调可持续根本要求的题中应有之义，也是当代中国发展进步的必然选择。

（四）科学发展观的根本方法是统筹兼顾

党的十六大以来，以胡锦涛为代表的中国共产党人丰富发展了统筹兼顾的战略思想。党的十七大把统筹兼顾作为科学发展观的根本方法，形成了关于统筹兼顾的丰富内容。"统筹兼顾，并不是简单摆平各方面关系，而是既要总揽全局、统筹规划，又要抓住牵动全局的主要工作、事关群众利益的突出问题，着力推进、重点突破。"[①] 以统筹经济社会发展为例，就是要使经济发展和社会发展相协调，相互促进。经济发展是社会发展的前提，但经济发展并不一定会带来社会的进步和人的全面发展。从国际经验来看，一些国家虽然取得了经济的显著增长，但是由于分配不公，积累了各种社会矛盾，社会动荡、人民蒙受苦难，其主要原因就是没有处理好经济发展和社会发展的关系。2003年"非典"的暴发，也暴露了中国经济发展和社会发展存在的矛盾问题。通过抗击"非典"的斗争，使中国共产党更加深刻地认识到经济和社会协调发展的重要性。胡锦涛在全国防治"非典"工作会议上的讲话中指出："促进经济社会协调发展，是建设中国特色社会主义的必然要求，也是全面建设小康社会的必然要求。我们讲发展是党执政兴国的第一要务，这里的发展绝不只是指经济增长，而是要坚持以经济建设为中心，在经济发展的基础上实现社会全面发展。"[②]

[①] 胡锦涛. 胡锦涛文选（第3卷）[M]. 北京：人民出版社，2016：8.
[②] 胡锦涛. 胡锦涛文选（第2卷）[M]. 北京：人民出版社，2016：67.

三、构建社会主义和谐社会

(一) 科学发展和和谐社会之间的关系

党的十七大报告指出："深入贯彻落实科学发展观,要求我们积极构建社会主义和谐社会。社会和谐是中国特色社会主义的本质属性。科学发展和社会和谐是内在统一的。没有科学发展就没有社会和谐,没有社会和谐也难以实现科学发展。"[①]

"没有科学发展就没有社会和谐。"社会的和谐程度总是与社会的发展水平密切相关。社会和谐从来都是建立在一定的经济基础之上的。没有一定的经济基础做支撑,任何社会都难以实现和谐。马克思主义经典作家对未来新社会的设想是建立在生产力高度发达的基础上的。试想,一个社会如果没有相应的经济基础,社会成员势必饱受饥饿、贫穷之苦,为争夺生活必需品不断发生矛盾和斗争,这样的社会是很难和谐的。只有通过发展社会生产,使社会成员的生活日益富足,在此基础上才能推动人与人、人与社会、人与自然的和谐共处,从而使人的体力和智力获得充分的自由和发展。中国古语讲"仓廪实而知荣辱"说的也是这个道理。对于长期处于社会主义初级阶段的中国来说,所有问题的解决都离不开发展,没有发展就没有一切。

"没有社会和谐也难以实现科学发展。"社会主义和谐社会必是人人享有发展成果的社会,以人为本是科学发展观的本质和核心,从这个角度讲,社会和谐是科学发展的目的。同时,社会和谐也有助于推动科学发展。科学发展的水平与社会成员的需求程度和社会的活力水

---

① 胡锦涛. 胡锦涛文选 (第2卷) [M]. 北京:人民出版社,2016:625.

平具有密切的关系。和谐程度较高的社会，社会成员的需求比较旺盛，在拉动经济增长方面会发挥更大的作用。和谐程度较高的社会是一个充满活力的社会，社会成员的积极性、主动性、创造性能更好地得到尊重和发挥，劳动、知识、技术、管理和资本等因素的活力得以迸发，为科学发展提供不竭动力。此外，和谐程度较高的社会也一定是一个安定团结的社会，而安定团结的社会环境是实现科学发展必不可少的前提。没有稳定，发展便无从谈起。社会和谐能够为科学发展创造稳定的社会环境，为经济的安全运行创造重要的前提条件。因此，"没有社会和谐也难以实现科学发展"。

（二）社会主义和谐社会的基本内容

和谐社会是对人类美好社会状态的一种描绘，是古今中外人们梦寐以求的社会理想。但社会主义和谐社会不同于空想社会主义的"乌托邦"，也不同于封建社会田园牧歌式的"世外桃源"，更不能等同于未来的共产主义社会。构建社会主义和谐社会是遵循马克思主义关于社会主义社会科学设想，立足于中国国情提出来的，是以胡锦涛同志为代表的中国共产党人在发展理论上的重大贡献。胡锦涛指出，"我们所要建设的社会主义和谐社会，应该是民主法治、公平正义、诚信友爱、充满活力、安定有序、人与自然和谐相处的社会"[1]。构建社会主义和谐社会的内容体现了广大人民群众的向往和追求，更体现了中国共产党为人民利益服务的责任和担当。通过在党的领导下广大人民群众的共同奋斗，社会和谐变成可实现的美好社会理想，这也是在社会主义制度下才能实现的美好的社会理想。

---

[1] 胡锦涛. 胡锦涛文选（第2卷）[M]. 北京：人民出版社，2016：285.

(三) 构建社会主义和谐社会要重点保障和改善民生

社会建设内容繁杂，千头万绪，只有善于抓住重点，才能实现社会和谐。民生问题关系到每个社会成员的切身利益，能否切实保障和改善民生，直接关系社会的和谐程度。要保障和改善民生，应做到以下几点：办好人民满意的教育，推动教育现代化目标的实现，使中国进入人才强国和人力资源强国行列；积极促进就业创业，使每个适龄社会成员都能体面而有尊严地从事社会劳动；积极推动收入分配制度改革，缩小贫富差距；要建立健全社会保障体系，使人人享有基本的医疗卫生服务，从而实现社会的和谐稳定。只有民生问题不断得到改善，人民群众的获得感和幸福感才会不断提升，社会和谐才会稳步实现。

本章小结

本章对改革开放和社会主义现代化建设时期中国共产党社会发展理论的开创发展进行了全面的总结和梳理。

党的十一届三中全会以后，邓小平提出了"发展是硬道理"的重要论断，前所未有地重视发展问题，认为发展是时代主题，是社会主义优越性的重要体现，更是解决中国所有问题的关键，由此提出了有中国特色的社会主义发展道路，准确判断了中国所处的发展阶段，制定了"三步走"的发展战略，丰富和发展了毛泽东的矛盾学说，提出改革是社会发展的动力，并把安定的国内环境与和平的国际环境作为发展的必要条件，提出了"三个有利于"的评价标准。以邓小平为代表的中国共产党人面对改革开放初期中国的发展现状，开创了中国共产党社会发展理论的新篇章，推动中国进入了新的发展阶段。

党的十三届四中全会以后，面对国际国内形势的剧烈动荡和日趋激烈的国际竞争，以江泽民为代表的中国共产党人推动了中国共产党社会发展理论的接续发展，把发展作为党执政兴国的第一要务，坚持社会主义发展道路，尊重世界各国发展道路的多样性，把人的全面发展上升到社会主义本质要求的高度，实施了科教兴国战略、可持续发展战略和西部大开发战略，提出了创新动力论。

新世纪新阶段，我国经济社会发展表现出新的阶段性特征。从国内来说，经济实力显著增强，但发展中的不平衡、不协调、不可持续的问题日渐突出；经济社会取得全面进步，同时发展面临新的重大结构性问题，影响发展的体制机制障碍依然存在。从国际来说，我国对外开放成就显著，但面临的竞争日趋激烈，可以预见和不可预见的风险增多。面对新问题、新挑战，以胡锦涛为代表的中国共产党人提出以科学发展观统领经济社会发展全局，把中国共产党社会发展理论推进到一个新的发展阶段。

第五章

新时代中国共产党社会发展理论的创新发展

党的十八大以来,面对已经发展起来的中国面临的一系列新情况、新问题,以习近平同志为代表的中国共产党人重点回答了发展起来以后的中国应该实现什么样的发展、怎样发展等一系列重大问题,形成了以新发展理念为代表的一系列有关发展的新理念、新观点、新论断,推动了中国共产党社会发展理论的创新发展。党的二十大报告指出:"在新中国成立特别是改革开放以来长期探索和实践基础上,经过十八大以来在理论和实践上的创新突破,我们党成功推进和拓展了中国式现代化。"[①] 这一重要论述实质上表明中国式现代化在理论和实践上已经成熟定型,中国共产党带领中国人民为人类的现代化事业做出了巨大贡献。中国式现代化道路成功开创和中国式现代化理论的提出离不开中国共产党社会发展理论的科学指导。因此,深入阐释新时代中国共产党社会发展理论,探究其生成逻辑、内容体系、精神实质及重大意义,对于揭示中国式现代化道路成功背后的原因,建构中

---

① 习近平. 高举中国特色社会主义伟大旗帜　为全面建设社会主义现代化国家而团结奋斗——在中国共产党第二十次全国代表大会上的报告[M]. 北京:人民出版社,2022:22.

国特色社会主义发展理论意义重大。

第一节 新时代中国共产党社会发展理论的生成逻辑

习近平指出,我们所处的时代"是一个需要理论而且一定能够产生理论的时代,这是一个需要思想而且一定能够产生思想的时代"[①]。中国特色社会主义进入新时代,世界面临百年未有之大变局,中国未来的发展既面临难得的机遇,也面临严峻的风险和挑战,亟须符合中国发展实践的发展理论的科学指导。党的十八大以来,以习近平同志为代表的中国共产党人,以马克思主义社会发展理论为指导,继承中国共产党人追求现代化百年探索的理论成果,总结中国特色社会主义的发展实践和发展经验,立足中国特色社会主义新时代国家发展面临的新情况、新问题,逐步形成了一系列内涵丰富、特色鲜明、逻辑清晰的关于发展的理论成果。

一、理论逻辑:马克思主义发展理论创新发展的时代要求

近代以来,由于资本主义国家率先走上现代化道路,因此,以"现代化就是西方化"为核心观点的西方发展理论一直占据着发展理论的主导地位。然而,许多发展中国家按照西方发展理论指导却并未顺利实现发展,反而出现了诸多社会问题,"现代化就是西方化"的

---

① 习近平. 在哲学社会科学工作座谈会上的讲话[M]. 北京:人民出版社,2016:8.

理论悖论与现实困境日益凸显。与西方发展理论的单线思维不同，马克思主义社会发展理论从人类社会发展的总体趋势来审视发展问题，对现代资本主义社会进行了具体的、深入的分析，阐明了资本主义社会的运行规律，揭示了现代资本主义社会是人类社会发展的一个必经阶段，其产生、发展、灭亡的根本趋势是不会改变的，终将被更高的社会形态所取代。正如列宁指出："马克思的全部理论，就是运用最彻底、最完整、最周密、内容最丰富的发展论去考察现代资本主义。自然，他也就要运用这个理论去考察资本主义即将崩溃的问题，去考察未来共产主义的未来发展问题。"[①] 与此同时，马克思认为资本主义社会并非所有国家都必须经历的历史阶段，在人类历史转变为世界历史的条件下，落后国家可以跨越资本主义的"卡夫丁峡谷"，直接进入新的更高的社会形态。马克思主义社会发展理论科学揭示了资本主义社会的历史地位和未来发展趋势，指明了人类社会的发展方向。中国共产党人在谋求发展的过程中，把马克思主义社会发展理论与当代中国实际相结合，取得的发展成就举世瞩目，充分展现了马克思主义社会发展理论的时代价值。然而，与西方发展理论在世界范围内拥有的话语霸权形成鲜明对比的是，马克思主义发展理论并没有获得与其地位相匹配的话语权。因此，如何在新时代的背景下继承和发展马克思主义社会发展理论，构建具有中国特色和中国风格的社会主义发展理论，这是时代提出的理论要求。新时代中国共产党社会发展理论鲜明回应了马克思主义社会发展理论创新发展的时代要求，彰显了马克思主义发展理论的独特魅力。

---

① 列宁：列宁选集（第3卷）[M]. 北京：人民出版社，1995：243.

二、历史逻辑：中国共产党追求发展百年探索的历史积淀

自成立以来，中国共产党一直为寻找适合中国国情的发展道路进行艰辛的探索，并对中国的发展实践不断进行理论总结。中国共产党的百年历史就是一代又一代共产党人为了现代化的目标不断接续奋斗的历史。新民主主义革命时期，中国共产党人就开始着手对中国未来的发展进行谋划，提出取得新民主主义革命的胜利是实现中国发展的前提条件，社会主义道路是中国未来发展的方向，实现工业化是中国发展的目标。在社会主义革命和建设时期，中国共产党人带领中国人民实现从新民主主义向社会主义的转变，确立了社会主义基本制度；提出以苏为鉴，独立自主探索适合中国情况的社会主义建设道路；将建设一个伟大的社会主义国家作为社会主义发展的目标；提出关于社会主义社会的发展阶段问题等。在改革开放和社会主义现代化建设时期，中国共产党人做出了改革开放的伟大决策，将改革作为社会发展的动力，提出"发展是硬道理""发展是党执政兴国的第一要务""树立以人为本，全面协调可持续的科学发展观"等。几代中国共产党人的艰辛探索，不但极大地推动了中国社会的发展进步，使中国从积贫积弱走向繁荣富强，也逐步形成了具有中国特色的关于发展的理论成果。党的十八大以来，以习近平同志为代表的中国共产党人立足中国特色社会主义新时代国家发展面临的新情况、新问题，提出了"创新、协调、绿色、开放、共享"的发展理念，使中国共产党的发展理论日趋成熟、完善。从"一五"计划，到"十四五"规划，几代中国共产党人的接续奋斗，使中国的发展目标越来越清晰，发展的路线图和时间表也越来越明确。新时代中国共产党社会发展理论充分体现了

以习近平为代表的中国共产党人追求发展目标的坚定性与继承性,也体现了中国共产党人根据时代和实践的变化,对发展目标、发展方式、发展路径、发展动力等内容创新发展。

三、实践逻辑:新时代实现高质量发展实践的现实呼唤

发展理论作为发展实践的反映,是随着社会历史的发展不断变化的。不同的历史时期,不同的发展阶段,用以指导发展的理论不可能完全相同。改革开放初期,中国处在"欠发展"的历史方位,主要任务是先发展起来,做大"蛋糕",积累财富,尽快缩小与世界先进水平之间的差距。在这种背景下,中国在推动发展的过程中,必然注重发展的速度与效率,着力赶超。作为看得见、摸得着、见效快的两大发展要素——自然资源消耗和廉价的劳动力成本在解决中国发展的速度和效率问题上功不可没。2010年,中国一跃成为世界第二大经济体,用30多年的时间走完了西方国家两三百年走完的工业化道路,实现了生产力的跨越式发展,创造了经济快速发展和社会长期稳定两大奇迹。党的十八大以来,中国特色社会主义进入新时代,中华民族迎来了从富起来到强起来的伟大飞跃,这是中国发展新的历史方位,中国面临的发展环境和发展条件发生了巨大的变化。随着中国经济发展进入新常态,传统发展要素带动发展的动力开始明显减弱,传统发展方式的困境日益显现。特别是随着社会主要矛盾的转化,发展的不平衡和不充分已成为制约中国未来发展的主要因素。人民对美好生活需要的内涵不断丰富、层次不断提升,这就意味着过去中国发展是解决"有没有"的问题,现在更多的是解决"好不好"的问题。可见,中国未来如何实现现代化强国的奋斗目标,不断满足人民日益增长的美

好生活需要，亟须发展理念的丰富与创新，拓宽发展视野，解决发展矛盾，凸显发展优势，实现高质量发展，在这样的场景下，以新发展理念为主要内容的新时代中国共产党社会发展理论应运而生。党的十八届五中全会首次提出树立和落实"创新、协调、绿色、开放、共享"五大发展理念，为中国未来发展指明了正确方向。习近平总书记强调："发展理念是否对头，从根本上决定着发展成效乃至成败"[①]，"坚持创新发展、协调发展、绿色发展、开放发展、共享发展，是关系我国发展全局的一场深刻变革"[②]。此后，习近平总书记在多个场合阐释、强调新发展理念，从宏观到微观、从历史到现实、从理论到实践，对新发展理念科学内涵、重大意义、工作方法等方面进行了全面系统的论述，要求全党必须完整、准确、全面贯彻新发展理念，并提出全面贯彻新发展理念不仅是重大的经济问题，更是关系到党执政基础的重大政治问题。党的十九届六中全会通过的《中共中央关于党的百年奋斗重大成就和历史经验的决议》指出，"贯彻新发展理念是关系我国发展全局的一场深刻变革，不能简单以生产总值增长率论英雄，必须实现创新成为第一动力、协调成为内生特点、绿色成为普遍形态、开放成为必由之路、共享成为根本目的的高质量发展，推动经济发展质量变革、效率变革、动力变革"[③]。党的二十大报告指出，实现高质量发展是中国式现代化的本质要求。高质量发展是以新发展理念为指引的发展，创新是动力，协调是内在要求，绿色是方式，开放是原则，共享是价值指向，既涵盖发展的广度和深度，也指向发展的

---

① 习近平. 习近平谈治国理政（第二卷）[M]. 北京：外文出版社，2017：197.
② 习近平. 习近平谈治国理政（第二卷）[M]. 北京：外文出版社，2017：200.
③ 中共中央关于党的百年奋斗重大成就和历史经验的决议 [M]. 北京：人民出版社，2021：34.

成效，这既是对我国发展历史经验的深刻总结，也是对马克思主义社会发展理论的丰富与创新。实践的发展呼唤着理论的创新，新时代中国共产党发展理论是实现"十四五"时期发展目标和2035年远景目标，在全面建成小康社会的基础上全面建设社会主义现代化国家，推进中国高质量发展，满足人民美好生活需要的现实需求。

第二节 新时代中国共产党社会发展理论内容体系及精神实质

党的十八大以来，面对国际国内形势的发展变化，面对已经发展起来的中国面临的一系列新情况、新问题，以习近平同志为代表的中国共产党人重点回答了发展起来以后中国应该实现什么样的发展、怎样实现发展等一系列重大问题，形成了以新发展理念为代表的一系列有关发展的新理念、新观点、新论断，实现了中国共产党社会发展理论的创新发展。

一、新时代中国共产党社会发展理论的内容体系

（一）发展目标：实现中华民族伟大复兴的"中国梦"

马克思主义社会发展理论的终极追求和最高目标是实现全人类的解放。作为马克思主义政党，中国共产党始终坚持马克思主义的人民立场，在追求发展的过程中，把发展的最高目标落脚到实现民族复兴、国家富强和人民幸福上。习近平指出，"一百年来，中国共产党团结带领中国人民进行的一切奋斗、一切牺牲、一切创造，归结起来就是一个主题：实现中华民族伟大复兴"①。习近平把实现中华民族伟大复兴的奋斗目标形象地概括为"中国梦"，他指出"中国梦是民族的梦，也是每个中国人的梦"②，多次强调"人民对美好生活的向往就是我们的奋斗目标"③，"中国共产党人的初心和使命，就是为中国人民谋幸福，为中华民族谋复兴"④。把实现中华民族伟大复兴的"中国梦"作为发展目标，明确宣示中国的发展不会走国强必霸的道路，中国无意超越哪个国家，而是通过自身的努力来实现民族复兴的梦想，让中国人民过上更加幸福美好的生活，这与西方发展道路谋求世界霸权，维护少数人的利益具有本质区别，是中国发展道路区别于西方发展道路的鲜明特色。在"中国梦"的感召下，中国人民汇聚起实现梦想的磅礴力量，我国的现代化事业取得辉煌成就，"中华民族迎来了从站起来、富起来到强起来的伟大飞跃，实现中华民族伟大复兴进入了不可逆转的历史进程"⑤。"中国梦"是全体中华儿女为之奋斗的宏伟目标，为了实现这一远大目标，中国共产党设计了清晰的实现路径和切实可行的战略安排。党的十九大报告指出，"综合分析国际国内形势和我国发展条件，从二〇二〇年到本世纪中叶可以分两个阶段来安排。第一个阶段，从二〇二〇年到二〇三五年，在全面建成小康社会的基础上，再奋斗十五年，基本实现社会主义现代化。……第二个阶段，从二〇三五年到本世纪中叶，在基本实现现代化的基础上，再奋斗十五

---

① 习近平. 习近平谈治国理政（第四卷）[M]. 北京：外文出版社，2022：4.
② 习近平. 习近平谈治国理政（第一卷）[M]. 北京：外文出版社，2014：40.
③ 习近平. 习近平谈治国理政（第一卷）[M]. 北京：外文出版社，2014：4.
④ 习近平. 习近平谈治国理政（第三卷）[M]. 北京：外文出版社，2020：1.
⑤ 习近平. 习近平谈治国理政（第四卷）[M]. 北京：外文出版社，2022：6.

年,把我国建成富强民主文明和谐美丽的社会主义现代化强国"①。这一战略安排使中华民族伟大复兴的"中国梦"的实现有了清晰的时间表和路线图。党的二十大明确提出"以中国式现代化全面推进中华民族伟大复兴"②,肯定了全面建成社会主义现代化强国两步走的战略安排,并且明确提出了第一步,到2035年我国发展的总体目标,以及未来五年的目标任务。经过几代中国共产党人的接续奋斗,中国人民在中国共产党的领导下通过艰苦努力和辛勤劳动为实现中华民族伟大复兴的"中国梦"不懈奋斗,中国大踏步地赶上了时代,人民的幸福指数不断提升,实现中华民族的伟大复兴呈现出光明的前景,但"行百里者半九十",我们也必须清醒地看到实现中华民族伟大复兴的征程不会一帆风顺。正如习近平指出,"今天,我们比历史上任何时期都更接近、更有信心和能力实现中华民族伟大复兴的目标,同时必须准备付出更为艰巨、更为艰苦的努力"③。将实现中华民族伟大复兴作为发展目标,不但表明了中国发展追求的目标,也为其他发展中国家确定现代化目标提供了重要的参考和借鉴。

(二) 发展主体:坚持以人民为中心

习近平强调:"全党必须牢记,为什么人的问题,是检验一个政党、一个政权性质的试金石。带领人民创造美好生活,是我们党始终

---

① 习近平.习近平谈治国理政(第三卷)[M].北京:外文出版社,2020:22.
② 习近平.高举中国特色社会主义伟大旗帜 为全面建设社会主义现代化国家而团结奋斗——在中国共产党第二十次全国代表大会上的报告[M].北京:人民出版社,2022:21.
③ 习近平.高举中国特色社会主义伟大旗帜 为全面建设社会主义现代化国家而团结奋斗——在中国共产党第二十次全国代表大会上的报告[M].北京:人民出版社,2022:27-28.

不渝的奋斗目标。"① 坚持以人民为中心，是新时代中国共产党社会发展理论的核心内容，是坚持和发展中国特色社会主义的根本立场。

1. 坚持人民群众是社会发展的主体

人民立场是中国共产党的根本政治立场。习近平始终高度重视人民群众在推动发展中的重要作用，将人民群众看作推动社会发展的根本力量。他指出，"人民是历史的创造者，是决定党和国家前途命运的根本力量"② "中国共产党根基在人民、血脉在人民、力量在人民"③。坚持人民是社会发展的主体，体现在习近平始终把人民的利益放在至高无上的地位，从青年时期让"乡亲们饱餐一顿肉，并且经常吃上肉"④ 的朴素愿望，到"人民对美好生活的向往，就是我们的奋斗目标"⑤ 的执着追求，再到"我将无我，不负人民"⑥ 的崇高情怀，人民在习近平心中重逾千钧。2020 年年初，新冠疫情暴发后，习近平多次强调，"把人民群众生命安全和身体健康放在第一位"⑦。坚持生命至上，在保护人民生命安全面前做到不惜一切代价。在波澜壮阔的脱贫攻坚战斗中，我们党紧紧依靠人民，兑现了"决不能落下一个贫困地区、一个贫困群众"的庄严承诺，创造了彪炳史册的人间奇迹。不难看出，在追求发展的过程中，以习近平同志为核心的党中央始终坚持人民群众的主体地位，践行中国共产党"全心全意为人民服务"的根本宗旨，汇聚起不可战胜的磅礴力量，跨过了前进征程中的一道

---

① 习近平. 习近平谈治国理政（第三卷）[M]. 北京：外文出版社，2020：35.
② 习近平. 习近平谈治国理政（第三卷）[M]. 北京：外文出版社，2020：135.
③ 习近平. 习近平谈治国理政（第四卷）[M]. 北京：外文出版社，2022：9.
④ 习近平. 习近平谈治国理政（第二卷）[M]. 北京：外文出版社，2017：29.
⑤ 习近平. 习近平谈治国理政（第一卷）[M]. 北京：外文出版社，2014：4.
⑥ 习近平. 习近平谈治国理政（第三卷）[M]. 北京：外文出版社，2020：144.
⑦ 习近平. 习近平谈治国理政（第四卷）[M]. 北京：外文出版社，2022：91.

道沟壑和险滩，正向着中华民族伟大复兴的目标阔步前进。

2. 坚持把人民的满意度作为评价发展的最高标准

对于发展的评价标准，新时代中国共产党的发展思想与西方发展理论具有本质区别。西方发展理论的评价标准是物化标准，带来的是人的异化。中国共产党始终坚持马克思主义社会发展评价理论，认为评价社会发展的标准不在抽象的精神领域，而是应该把生产力标准和人的发展标准统一起来，在推动生产力发展的基础上，将人民标准作为评价发展的最高标准，致力于在推动生产力发展的过程中逐步实现人的全面自由发展。早在新民主主义革命时期，毛泽东同志就明确指出"应该使每个同志明了，共产党人的一切言论行动，必须以合乎最广大人民群众的最大利益，为最广大人民群众所拥护为最高标准"[①]。改革开放后，面对国内外针对改革的各种争论和质疑，邓小平富有创见性地提出了评价发展的"三个有利于"的标准，从而避免了因为抽象的争论的而贻误改革时机，使改革开放事业得以顺利推进。党的十八大以来，以习近平同志为核心的党中央一以贯之地坚持发展评价的人民标准，强调要"把人民拥护不拥护、赞成不赞成、高兴不高兴、答应不答应作为衡量一切工作得失的根本标准，使我们党始终拥有不竭的力量源泉"[②]。对于中国的现代化事业，习近平认为，"时代是出卷人，我们是答卷人，人民是阅卷人"[③]。这些论述充分论证了中国共产党始终将人民标准作为评价发展的最高标准，人民是社会发展的最

[①] 毛泽东. 毛泽东选集（第3卷）[M]. 北京：人民出版社，1991：1096.

[②] 习近平. 习近平谈治国理政（第二卷）[M]. 北京：外文出版社，2017：40.

[③] 中共中央党史和文献研究院，中央"不忘初心、牢记使命"主题教育领导小组办公室. 习近平关于"不忘初心、牢记使命"论述摘编 [M]. 北京：中央文献出版社、党建读物出版社，2019：37.

高裁决者和最终评判者。在新时代,中国共产党人面临的"赶考"远未结束,面对新的发展实践,能否交出满意答卷,只能由人民来评判,人民才是评价社会发展与否的最终"阅卷人"。

3. 坚持发展成果由人民共享

马克思主义社会发展理论的价值指向和最高追求是实现人类解放和人的全面发展,这就决定了社会发展的最终受益者应该是最广大的人民群众,而绝不应像西方发展模式下,只是少数人才能享受社会的发展成果。在追求发展的过程中,中国共产党始终带领人民为创造美好生活、使全体人民共享发展成果、实现共同富裕不懈奋斗。党的十八大以来,以习近平同志为核心的党中央"坚持以人民为中心"的发展思想,将人民对美好生活的向往作为全党的奋斗目标,并把全体人民共享改革发展成果上升到社会主义本质要求的高度。他指出,"让广大人民群众共享改革发展成果,是社会主义的本质要求,是社会主义制度优越性的集中体现,是我们党坚持全心全意为人民服务根本宗旨的重要体现"[1]。同时,习近平还把"共享发展"看作检验改革开放成效的判断标准和全面建成小康社会的根本标志。习近平指出,"改革发展搞得成功不成功,最终的判断标准是人民是不是共同享受到了改革发展成果"[2]。对于全面建成小康社会的根本标志,习近平反复强调,"全面小康是全体中国人民的小康,不能出现有人掉队"[3],而必

---

[1] 中共中央文献研究室. 十八大以来重要文献选编(中)[M]. 北京:中央文献出版社,2016:827.
[2] 中共中央文献研究室. 习近平关于社会主义建设论述摘编[M]. 北京:中央文献出版社,2017:35.
[3] 中共中央文献研究室. 十八大以来重要文献选编(中)[M]. 北京:中央文献出版社,2016:720.

须"按照人人参与、人人尽力、人人享有的要求"①，让全体人民共同迈入全面小康社会。在庆祝中国共产党成立100周年大会上的讲话中，习近平向全世界庄严宣告："经过全党全国各族人民持续奋斗，我们实现了第一个百年奋斗目标，在中华大地上全面建成了小康社会，历史性地解决了绝对贫困问题……"② 这一伟大成就不仅标志着广大贫困群众和全国人民一起迈进了小康社会，共享改革发展成果，也为全人类的反贫困事业做出了重大贡献，为解决全人类的贫困问题贡献了中国智慧。

（三）发展阶段：立足社会主义初级阶段基本国情，全面把握新发展阶段

马克思主义社会发展理论认为，人类社会的发展和自然界的发展一样，具有内在规律性。人类自己创造了自己的历史，但不是随心所欲创造的，而是在既得生产力的基础上进行创造的。社会发展的自然阶段是从低到高、循序渐进的，不能人为取消和跳跃，但是人类如果能够准确把握社会发展的自然规律，可以减轻发展的痛苦和代价。对于中国共产党人来说，准确把握社会发展的自然规律，就是要准确把握我国的实际国情。新中国成立后，中国共产党人对于国情的认识经历过艰辛和曲折的过程。改革开放后，中国共产党总结历史经验，党的十三大对中国基本国情做出了"我国正处于社会主义初级阶段"的科学判断。此后，这一科学判断始终是中国建设现代化事业的基本依据和出发点。在推动中国发展的过程中，虽然时代在变，中国发展面

---

① 中共中央关于制定国民经济和社会发展第十三个五年规划的建议［M］．北京：人民出版社，2015：11．

② 习近平．习近平谈治国理政（第四卷）［M］．北京：外文出版社，2022：3．

临的条件和问题也在不断改变，但是社会主义初级阶段的基本国情的判断在理论和实践中被一再强调和肯定。党的十八大报告指出，社会主义初级阶段是建设中国特色社会主义的总依据。习近平指出，"强调总依据，是因为社会主义初级阶段是当代中国的最大国情、最大实际。我们在任何情况下都要牢牢把握这个最大国情，推进任何方面的改革发展都要牢牢立足这个最大实际。不仅在经济建设中要始终立足初级阶段，而且在政治建设、文化建设、社会建设、生态文明建设中也要始终牢记初级阶段；不仅在经济总量低时要立足初级阶段，而且在经济总量提高后仍然要牢记初级阶段；不仅在谋划长远发展时要立足初级阶段，而且在日常工作中也要牢记初级阶段"①。党的十九大报告虽然对社会主要矛盾做出了新的重大判断，但同时指出，"我国社会主要矛盾的变化，没有改变我们对我国社会主义所处历史阶段的判断，我国仍处于并将长期处于社会主义初级阶段的基本国情没有变，我国是世界最大发展中国家的国际地位没有变"②。党的二十大报告指出，"我国是一个发展中大国，仍处于社会主义初级阶段"③。与此同时，中国共产党对于中国处于并将长期处于社会主义初级阶段的基本国情的认识不是一成不变的，而是随着中国的发展实践的变化不断调整的。党的十九届五中全会做出中国已经进入"新发展阶段"的重大判断，这一重大判断是以习近平为代表的中国共产党人对于社会主义初级阶段基本国情认识的又一次深化。习近平指出，"社会主义初级

---

① 习近平. 习近平谈治国理政（第一卷）[M]. 北京：外文出版社，2014：10.
② 习近平. 习近平谈治国理政（第三卷）[M]. 北京：外文出版社，2020：10.
③ 习近平. 高举中国特色社会主义伟大旗帜　为全面建设社会主义现代化国家而团结奋斗——在中国共产党第二十次全国代表大会上的报告[M]. 北京：人民出版社，2022：20.

阶段不是一个静态、一成不变、停滞不前的阶段，也不是一个自发、被动、不费多大力气自然而然就可以跨过的阶段，而是一个动态、积极有为、始终洋溢着蓬勃生机活力的过程，是一个阶梯式递进、不断发展进步、日益接近质的飞跃的量的积累和发展变化的过程","我们今天所处的新发展阶段就是社会主义初级阶段中的一个阶段，同时是其中经过几十年积累、站到了新的起点上的一个阶段"①。我们之所以强调社会主义初级阶段的发展定位，是因为正确路线方针政策的制定来自对发展阶段的准确把握。任何国家要想实现现代化，首要的前提就是认清国情。党的十一届三中全会以来，中国共产党人对于中国所处的发展阶段始终保持清醒的认识，脚踏实地地推进社会主义现代化建设，这是中国特色社会主义事业蓬勃发展的前提，也是中国共产党人对马克思主义社会发展理论的重大贡献。

（四）发展理念：创新、协调、绿色、开放、共享

习近平指出，"理念是行动的先导，一定的发展实践都是由一定的发展理念来引领的。发展理念是否对头，从根本上决定着发展成效乃至成败。实践告诉我们，发展是一个不断变化的进程，发展环境不会一成不变，发展条件不会一成不变，发展理念自然也不会一成不变"②。党的十八大以来，党中央根据我国发展环境和发展条件的变化，提出了创新、协调、绿色、开放、共享的新发展理念。新发展理念是习近平经济思想的重要内容，体现了以习近平同志为核心的党中央对新时代中国改革开放和经济社会发展经验的新总结，是中国共产

---

① 习近平. 习近平谈治国理政（第四卷）[M]. 北京：外文出版社，2022：162.
② 习近平. 习近平谈治国理政（第四卷）[M]. 北京：外文出版社，2022：167.

党人对社会主义建设规律的新认识，是新时代中国共产党人关于发展的突出成果，科学回答了新时代"实现什么样发展，怎样实现发展"这一重大理论问题，是我国经济社会发展遵循的重要理念。

1. 创新是引领发展的第一动力

发展动力是一个兼具理论价值和时代意义的重大课题。马克思主义经典作家认为，生产力和生产关系的总和构成生产方式，生产方式的矛盾运动是社会发展的基本动力，推动人类社会不断发展。新中国成立后，毛泽东提出，"在社会主义社会中，基本的矛盾仍然是生产关系和生产力之间的矛盾，上层建筑和经济基础之间的矛盾"①。他认为正是这些矛盾推动着社会主义社会不断地向前发展。改革开放后，邓小平进一步丰富了社会发展动力理论，提出改革是社会发展的根本动力，并提出了"科学技术是第一生产力"的重要论断。进入新时代以来，要实现人口规模巨大的现代化，能源、资源、劳动力等传统的发展动力已经难以为继，世界高科技领域的竞争日趋激烈，突破中国发展中面临的"卡脖子"问题，进军全球产业结构和产业链的高端，必须实现发展动力的转换。在此背景下，习近平总书记提出"创新是引领发展的第一动力"，并将其置于新发展理念的首位，突出强调创新在引领经济社会发展中的重要作用，通过创新实现新旧动能转换，实现发展转型，丰富和发展了马克思主义的发展动力论。

党的二十大报告指出，"中国式现代化既有各国现代化的共同特征，更有基于自己国情的中国特色"②。这就要求我们必须把发展建立

---

① 毛泽东. 毛泽东文集（第7卷）[M]. 北京：人民出版社，1999：214.
② 习近平. 高举中国特色社会主义伟大旗帜　为全面建设社会主义现代化国家而团结奋斗——在中国共产党第二十次全国代表大会上的报告 [M]. 北京：人民出版社，2022：22.

在自己力量的基点上，唯有创新才能为实现现代化提供不竭动力。实践证明，创新是中国共产党领导人民不断取得新成就的宝贵品格和不竭动力，是中国在日趋激烈的综合国力竞争中赢得先机的一大法宝。当前，中国正处于发展动力转换的关键时期，而创新是实现发展动力转化的关键举措。经济发展是一个产业结构不断升级的过程，只有通过创新才能逐渐改变中国产业结构以低端为主的局面，改变中国核心技术长期受制于人的被动局面，进军全球产业链的中高端，为中国经济持续健康发展注入新动力。

创新是中国式现代化的动力之源。建设社会主义现代化强国必须贯彻创新发展理念，注重科技创新在全面创新中的核心位置，发挥科技创新对其他领域创新的引领作用。与此同时，我们要看清全国科技创新发展布局，考虑现实性和可能性，实事求是，因地制宜。此外，贯彻创新发展理念，还要充分发挥政府和市场两只手的作用，充分发挥市场配置资源的决定性作用，调动要素资源的积极性、创造性，带动经济社会发展；同时更好发挥政府作用，营造良好的创新环境、公共服务、政策支持等，使政府和市场形成优势互补格局，促进创新发展。

2. 协调是持续健康发展的内在要求

马克思主义认为，社会是一个由诸多要素组成的复杂的有机系统，其内部的各个要素之间既相对独立，又紧密联系、相互依存，任何一个分系统或要素都不能脱离整体或其他分系统或要素独立发挥作用，只有各个要素和环节协调发展，社会有机体才能够健康有序运行。实现社会各组成要素间的协调发展，保证社会有机体健康有序，是人类社会发展必须解决的问题。然而，西方国家在现代化的过程中，始终坚持资本利益至上，导致经济社会发展失衡、贫富差距悬殊等不协调问题成为一种普遍现象。

中国式现代化是物质文明和精神文明相协调的现代化。[①] 改革开放以来，中国共产党始终坚持一手抓物质文明，一手抓精神文明，充分激发各领域、多元发展主体的创造活力，极大提高了社会生产力的发展水平，经济社会取得了长足的进步，但是在一些地方也确实存在精神文明落后于物质文明的现象。同时，随着新时代社会主要矛盾的转化，发展不平衡不协调的问题成为制约中国未来发展的突出问题。特别是城乡之间、区域之间发展不平衡的问题，以及社会成员之间收入差距拉大的问题，已成为中国发展的突出短板。因此，我们必须高度重视协调发展，使物质文明和精神文明相互促进，通过补短板挖掘发展潜力，增强发展后劲。协调发展既是发展目标与发展手段、发展状态与发展过程、发展连续性与发展阶段性的统一，也是衡量发展质量和效益的重要尺度。协调发展理念充分体现了中国共产党对新时代中国经济社会发展规律的深刻认识。

贯彻协调发展理念，必须树立系统观念，善于"统筹推进"。统筹区域发展，缩小地区间的发展差距；统筹城乡发展，巩固拓展脱贫攻坚成果，加快乡村振兴步伐；统筹国内国际两个大局，全面把握中华民族伟大复兴全局和世界百年未有之大变局，在激烈的国际竞争中把握主动，赢得先机；统筹发展与安全，特别是面对新冠疫情的不确定性，统筹安排经济发展和疫情防控，做好各种风险的预判和预见工

---

① 习近平. 高举中国特色社会主义伟大旗帜 为全面建设社会主义现代化国家而团结奋斗——在中国共产党第二十次全国代表大会上的报告[M]. 北京：人民出版社，2022：22.

作，善于防范"黑天鹅""灰犀牛"事件等。

3. 绿色是永续发展的必要条件

马克思主义发展理论认为，人类在改造自然的过程中可能出现两种结果，一种是对人类的存在有利，另一种则对人类的存在不利。人类的活动一旦破坏了生态平衡，自然界将不再适合人类生存，最终损害人类的根本利益。西方国家在工业化进程中普遍走的是"先污染后治理"的道路，带来了严重的环境问题，付出了巨大的代价。即使西方一些学者在20世纪六七十年代提出了"可持续发展""新发展观"等，但是由于资本的逐利性使然，全球范围内的重经济利益、忽视环境保护的问题依然普遍存在，特别是一些发达国家通过污染转移的方式转嫁环境危机，给人类社会带来了诸多严峻的环境问题。

中国式现代化是人与自然和谐共生的现代化。① 改革开放以来，中国在发展的过程中明确提出走新型工业化道路，建设资源节约型、环境友好型社会，但是仍存在环境破坏和资源浪费的现象，雾霾、水污染、土壤污染、食品药品安全等，严重影响人们的身体健康和生活质量，也不符合人与自然和谐共生的现代化发展要求。中国共产党继承和发展马克思主义关于人与自然的辩证关系原理，借鉴国外发展经验，提出了绿色发展理念，推广绿色发展方式，着力破解中国在发展过程中面临的人与自然的关系问题，满足现代化发展要求，努力实现高质量发展。

走中国式现代化道路，必须践行绿色发展理念，着力做到"三个

---

① 习近平. 高举中国特色社会主义伟大旗帜 为全面建设社会主义现代化国家而团结奋斗——在中国共产党第二十次全国代表大会上的报告[M]. 北京：人民出版社，2022：23.

统一"。一是把"绿色"和"发展"统一起来,绿色发展理念的落脚点在发展,"发展"是绿色发展理念的目标,"绿色"是发展的具体方式,人类不能为了追求生产力的发展,不计代价,破坏生态环境,也不能以牺牲生产力发展和社会进步的方式进行生态建设,而既要使人类活动符合自然规律,又要使自然能够更好地满足人类生存发展的需要。二是把"富国"和"惠民"统一起来。坚持以绿色发展理念为指引,使中国走上新型工业化道路,适应经济发展新常态,转变经济发展方式,促进产业优化升级,推动国家走上富强之路。与此同时,生态环境也是最大的民生问题,与全社会每一名成员息息相关,优美的生态环境关乎广大人民群众的根本利益。通过实现绿色"富国",更好地实现绿色"惠民",反过来,通过绿色"惠民",进一步促进绿色"富国"目标的实现。三是把"政府主导"和"全民参与"统一起来,践行绿色发展理念,必须在党和政府的统筹规划下整体推进。同时,绿色发展理念的践行又与每一个社会成员息息相关,也就是说,保护环境,人人有责;绿色发展,人人应为。如此,才能开创社会主义生态文明新时代、赢得中华民族永续发展的美好未来。

4. 开放是国家繁荣发展的必由之路

马克思的世界历史理论深刻揭示了资本主义国家在推进现代化的过程中对外扩张掠夺的本质特征。"各个相互影响的活动范围在这个发展进程中愈来愈扩大,各民族的原始闭关自守状态则由于日益完善的生产方式、交往以及因此自发地发展起来的各民族之间的分工而消灭得愈来愈彻底,历史也就在愈来愈大的程度上成为全世界的历史。"[①] 中国

---

① 马克思,恩格斯. 马克思恩格斯选集(第 1 卷) [M]. 北京:人民出版社,1995:51.

式现代化是走和平发展道路的现代化。① 中华民族是崇尚和平的民族，必须对西方资本主义国家对外扩张、殖民掠夺的发展途径全面超越。改革开放以来，中国主动顺应经济全球化的潮流，坚持全方位的对外开放，中国经济与世界经济深度交融，带来了经济社会的持续繁荣发展。当前，世界面临百年未有之大变局，一些发达国家为了自身利益秉持"零和博弈""国强必霸"的惯性思维，经济全球化遭遇"逆流"，给人类社会的发展进步蒙上阴影。中国的开放发展既有许多有利因素，也面临诸多矛盾、风险、挑战，在此背景之下，党中央审慎判断国际国内发展大势，从人类社会发展进步的高度提出了开放发展理念，指明了中国在全面建成社会主义现代化强国的进程中开放的原则、方向和路径。

贯彻开放发展理念要着力处理好"三对关系"。一是"开放发展"与"构建新发展格局"的关系。开放发展是基于中国发展阶段、发展环境、发展条件的现实状况提出来的，开放发展是构建新发展格局的重要前提，是重塑中国国际合作和竞争新优势的战略抉择。新发展格局有利于中国更好地开放，构建新发展格局能够有效应对外部冲击，提高中国对全球要素资源的吸引力，实现更高水平的对外开放。二是"开放发展"与"敢于斗争"的关系。近年来，全球政治经济环境发生深刻变化，一些国家大搞单边主义、贸易保护主义，打压中国高科技企业，试图阻挠中华民族伟大复兴的历史进程。"我们必须以越是

---

① 习近平. 高举中国特色社会主义伟大旗帜　为全面建设社会主义现代化国家而团结奋斗——在中国共产党第二十次全国代表大会上的报告 [M]. 北京：人民出版社，2022：23.

艰险越向前的精神奋勇搏击、迎难而上"①，在斗争中赢得开放发展的良好局面。三是"开放发展"与"构建人类命运共同体"的关系。"构建人类命运共同体"是习近平总书记面对全球治理的新挑战给出的中国方案，开放发展理念与构建人类命运共同体本质上是完全一致的，中国通过持续对外开放，与世界各国在交往中实现互利共赢，化解世界发展中面临的共同难题，共创人类社会美好未来。

5. 共享是中国特色社会主义的本质要求

马克思主义认为，社会进步不仅是生产力的发展，同时必须是社会生活的全面发展，最终落脚点是人的全面发展。在历史发展的过程中，应该是人的需要和人的追求不断实现和满足的过程。而在资本主义制度下却产生了严重的两极分化，一边是财富的积累，一边是贫困的积累。因此，马克思将束缚人的发展的资本主义私有制作为终生批判的对象，将实现人的全面自由发展作为毕生的追求。

中国式现代化是全体人民共同富裕的现代化。② 党领导人民不断发展的目的就是要共享发展成果，实现全体人民共同富裕。新中国成立初期，毛泽东在谈到富强时指出，"这个富，是共同的富，这个强，是共同的强，大家都有份"③。改革开放初期，邓小平多次强调"共同富裕"，将"共同富裕"概括为社会主义的本质特征，并提出在中国实行"允许一部分人先富起来"的政策，但先富不是目的，最终目的是要通过"先富带动后富"，最终实现全体人民的共同富裕。党的十

---

① 习近平. 习近平谈治国理政（第四卷）[M]. 北京：外文出版社，2022：71.
② 习近平. 高举中国特色社会主义伟大旗帜 为全面建设社会主义现代化国家而团结奋斗——在中国共产党第二十次全国代表大会上的报告[M]. 北京：人民出版社，2022：22.
③ 毛泽东. 毛泽东文集（第6卷）[M]. 北京：人民出版社，1999：495.

八大以来，以习近平同志为代表的中国共产党人"坚持以人民为中心"的发展思想，把全体人民共享改革发展成果上升到社会主义本质要求的高度。他指出，"让广大人民群众共享改革发展成果，是社会主义的本质要求，是社会主义制度优越性的集中体现，是我们党坚持全心全意为人民服务根本宗旨的重要体现"①。

共享发展理念彰显了中国式现代化要实现全体人民共同富裕的本质要求。在全面建成小康社会的目标如期实现后，中国已经进入"扎实推动共同富裕的历史阶段"②，这是中国全面建设社会主义现代化国家的新阶段，党中央把握发展阶段新变化，提出在本阶段更要强调发展成果由全体人民共享。共享是发展目标，也是检验发展成效的重要标准。习近平指出，"改革发展搞得成功不成功，最终的判断标准是人民是不是共同享受到了改革发展成果"③。从全面小康到共同富裕，中国共产党领导的现代化贯穿始终的是以人民为中心的发展思想，充分彰显了新发展理念的本质要求，体现了中国式现代化的根本目的和本质要求。

（五）发展动力：全面深化改革

通过全面深化改革调整生产关系以促进生产力的发展，是新时代中国共产党发展理论的重要内容。党的十一届三中全会以来，以邓小平为代表的中国共产党人继承和发展了毛泽东关于社会主义社会基本矛盾的学说，科学地阐明了改革是社会主义社会发展的动力，在此基

---

① 中共中央文献研究室. 十八大以来重要文献选编（中）[M]. 北京：中央文献出版社，2016：827.
② 习近平. 习近平谈治国理政（第四卷）[M]. 北京：外文出版社，2022：141-142.
③ 中共中央文献研究室. 习近平关于社会主义建设论述摘编[M]. 北京：中央文献出版社，2017：35.

础上形成了社会主义改革开放理论，顺利推进改革开放伟大实践，取得举世瞩目的辉煌成就。习近平始终坚持改革动力论，早在浙江主政时期，他就提出"发展出题目，改革做文章"[①]。党的十八大以来，面对新形势和新任务，以习近平同志为核心的党中央多次强调，"改革开放只有进行时没有完成时。没有改革开放，就没有中国的今天，也就没有中国的明天。改革开放中的矛盾只能用改革开放的办法来解决"[②]。2013年，党的十八届三中全会将"完善和发展中国特色社会主义制度，推进国家治理体系和治理能力现代化"作为全面深化改革的总目标，坚持通过全面深化改革解决发展中遇到的各种矛盾和问题。党的十八届三中全会以来，党和国家通过了一系列重大改革措施和方案，不断破除阻碍发展的体制机制障碍，极大地释放了社会活力，将改革不断推向深入。2018年2月，党的十九届三中全会通过《中共中央关于深化党和国家机构改革的决定》，更加凸显新一届中央领导集体全面深化改革的决心和力度。通过党和国家机构大刀阔斧的改革，为发展提供不竭的动力，为实现中华民族伟大复兴中国梦的宏伟目标提供保障。党的二十大报告提出，"坚持深化改革开放"是全面建设社会主义现代化国家必须牢牢把握的重大原则[③]，再次肯定了深化改革是推动发展的动力。

必须指出的是，对于中国共产党的改革动力论，我们要全面加以认识和把握。世界上搞改革的国家很多，为什么只有中国共产党的改

---

① 习近平. 之江新语［M］. 杭州：浙江人民出版社，2007：40.
② 习近平. 习近平谈治国理政（第一卷）［M］. 北京：外文出版社，2014：69.
③ 习近平. 高举中国特色社会主义伟大旗帜　为全面建设社会主义现代化国家而团结奋斗——在中国共产党第二十次全国代表大会上的报告［M］. 北京：人民出版社，2022：26-27.

革事业取得了巨大的成功？其原因就在于中国共产党的改革动力论始终坚持两条重要的原则：第一，必须坚持改革，不改革社会主义事业就没有出路；第二，改革必须坚持马克思主义指导思想，坚持社会主义政治方向，如果指导思想、政治方向错了，社会主义不仅得不到发展，甚至会走向社会主义的反面，导致资本主义复辟，改革就失败了。因此，将改革作为发展的动力不在于要不要改革，而在于改什么，不改什么。中国的改革是有方向、有立场、有原则的，是在中国特色社会主义道路上不断前进的改革，而不是对社会主义制度改弦易张。正如习近平指出，"改革不是改向，变革不是变色。……改什么，怎么改必须以是否符合完善和发展中国特色社会主义制度、推进国家治理体系和治理能力现代化的总目标为根本尺度，该改的、能改的我们坚决改，不该改的、不能改的坚决不改，决不能在根本性问题上出现颠覆性错误"①。2017年年底，十九届中央全面深化改革领导小组第一次会议指出，"最为关键的是，无论改什么、改到哪一步，坚持党对改革的集中统一领导不能变，完善和发展中国特色社会主义制度、推进国家治理体系和治理能力现代化的总目标不能变，坚持以人民为中心的改革价值取向不能变"②。习近平在庆祝改革开放40周年大会上的讲话中指出，"改革开放40年的实践启示我们：方向决定前途，道路决定命运。我们要把命运掌握在自己手中，就要有志不改、道不变的坚定"③。不难看出，全面深化改革，覆盖范围和改革力度都是空前

---

① 中共中央宣传部. 习近平新时代中国特色社会主义思想学习纲要［M］.北京：学习出版社、人民出版社，2019：86.

② 《中国共产党简史》编写组. 中国共产党简史［M］.北京：人民出版社、中共党史出版社，2021：488.

③ 习近平. 习近平谈治国理政（第三卷）［M］.北京：外文出版社，2020：184.

的，但全面改革不是全部改革，而是有方向、有原则的改革。中国共产党始终把社会主义基本制度的"不改"与具体体制机制的"改"辩证统一于改革开放的历史进程之中，牢牢坚持改革的社会主义方向，使中国的改革开放不但没有出现苏联那样的全局性错误，而是取得辉煌成就、赢得国内外普遍赞誉。因此，准确地说，有方向、有立场、有原则的全面深化改革是推动中国发展的根本动力。

（六）发展的自然条件：人与自然和谐共生

党的十八大以来，以习近平同志为核心的党中央把生态文明建设放在前所未有的高度，致力推动人与自然的和谐共生。对生态文明建设的高度重视，是习近平关于发展重要论述的突出特点。对于经济建设和生态文明之间的关系，习近平提出了著名的"两山论"，即"既要绿水青山，也要金山银山"①。同时他强调，"生态文明就是生产力"，"要正确处理好经济发展同生态环境保护的关系，牢固树立保护生态环境就是保护生产力、改善生态环境就是发展生产力的理念，更加自觉地推动绿色发展、循环发展、低碳发展，绝不以牺牲环境的代价去换取一时的经济增长"②。习近平认为保护生态环境必须成为发展的题中应有之义，并且将生态环境问题作为突出的民生问题，必须下大力气抓紧抓好。优美的生态环境是人民日益增长的美好生活的需要内容。"我们要建设的现代化是人与自然和谐共生的现代化，既要创造更多物质财富和精神财富以满足人民日益增长的美好生活需要，也

---

① 中共中央宣传部. 习近平总书记系列重要讲话读本［M］. 北京：人民出版社，2014：120.
② 习近平. 习近平谈治国理政（第一卷）［M］. 北京：外文出版社，2014：209.

要提供更多优质生态产品以满足人民日益增长的优美生态环境需要。"①

"人与自然和谐发展"彰显马克思主义自然观。第一，人类具有改造自然的能力。马克思主义认为，通过劳动改造自然是人与动物的本质区别。人按照主体的意志，通过实践活动为自己创造出一个自然，即人化自然。人通过改造自然使自然为自己的目的服务。人类在改造自然的过程中可能出现两种结果，一种是改造自然的活动对人类的存在有利，另一种则对人类的存在不利。人类的活动一旦破坏了生态平衡，自然界将不再适合人类生存，最终损害人类的根本利益。第二，人类活动必须符合自然规律。马克思主义认为，人不是独立于自然之外的，而是自然界的一部分。这就表明人与自然是相互依存的，不能把人类活动与自然发展对立起来。人类虽然具有改造自然的能力，但仍存在于自然之中并受自然规律的制约。人类之所以能够支配自然，是因为人认识和掌握了自然规律。人类活动如果违背了自然规律，就会受到自然界的惩罚，遭到报复。在《自然辩证法》一文中，恩格斯用多个例子说明人类活动一旦破坏生态平衡给人类带来的危害。因此，人类在处理人与自然的关系时，既要认识人对自然的依赖性，善于正确运用自然规律，更要善于保护人类赖以生存的自然环境。第三，人类要促进人与自然、人与社会关系的协调发展。马克思主义认为，人类在改造自然的过程中，往往只看到改造自然产生的较近的后果，并使其为自身的眼前利益服务，而忽视长远后果，最终损害人类生存发展的整体利益。因此，为了消除人与自然之间不协调、不一致的矛

---

① 习近平. 习近平谈治国理政（第三卷）[M]. 北京：外文出版社，2020：39.

盾，人们要充分估计自身生产行为的长远后果，并且设法控制自身生产行为可能给自然带来的消极的甚至恶劣的影响。要消除这些影响，除了要调节自然关系，还要对资本主义生产方式和资本主义制度实行根本性的变革。

可见，马克思主义在肯定人具有改造自然的主体性，能够推动生产力发展的同时，始终坚持唯物主义的自然观，强调无论人与自然的关系如何发展，"自然界的优先地位仍然保持着"[1]。人类要努力使自身活动符合自然规律，保护自然，促进人与自然的和谐发展，这也是绿色发展理念的重要理论基础。中国共产党坚持马克思主义自然观的基本原理，致力于促进人与自然和谐共生，推动低碳循环经济发展，坚持节约资源和保护环境的基本国策，坚持可持续发展。习近平总书记强调，"人与自然是生命共同体，人类必须尊重自然、顺应自然、保护自然。人类只有遵循自然规律才能有效防止在开发利用自然上走弯路，人类对大自然的伤害最终会伤及人类自身，这是无法抗拒的规律"[2]，"要像保护眼睛一样保护生态环境，像对待生命一样对待生态环境，把不损害生态环境作为发展的底线"[3]。按照有利于人类长远发展的趋势改造自然，坚持人类活动和自然发展的有机统一，促进人与自然、人与社会关系的协调发展。

---

[1] 马克思，恩格斯. 马克思恩格斯文集（第1卷）[M]. 北京：人民出版社，2009：529.
[2] 习近平. 习近平谈治国理政（第三卷）[M]. 北京：外文出版社，2020：39.
[3] 中共中央宣传部. 习近平总书记系列重要讲话读本[M]. 北京：学习出版社、人民出版社，2016：233.

(七)发展的外部条件：走和平发展道路，推动构建人类命运共同体

实现和平发展，是中国人民的真诚愿望和不懈追求。党的十八大以来，以习近平同志为核心的党中央深刻分析中国与世界关系发生的深刻变化，坚定不移致力于维护世界和平、促进共同发展。党的二十大报告在总结新时代十年党和国家事业取得的历史性成就和发生的历史性变革中指出，"我们全面推进中国特色大国外交，推动构建人类命运共同体，坚定维护国际公平正义，倡导践行真正的多边主义，旗帜鲜明反对一切霸权主义和强权政治，毫不动摇反对任何单边主义、保护主义、霸凌行径"[1]。构建人类命运共同体思想，是以习近平为代表的中国共产党人面对当今时代人类共同面临的发展难题，超越西方的霸权主义交往方式，为解决人类问题贡献的中国智慧和中国方案。他指出，"要跟上时代前进步伐，就不能身体已进入21世纪，而脑袋还停留在过去，停留在殖民扩张的旧时代里，停留在冷战思维、零和博弈老框框内"[2]，"人类生活在同一个地球村里，生活在历史和现实交汇的同一个时空里，越来越成为你中有我、我中有你的命运共同体"[3]。党的十八大以来，中国通过设立亚洲基础设施投资银行，共建"一带一路"等举措扎实推进构建人类命运共同体。在此基础上，逐步形成了科学完整、内涵丰富、意义深远的人类命运共同体思想体系，其核心是"建设持久和平、普遍安全、共同繁荣、开放包容、清洁美

---

[1] 习近平.高举中国特色社会主义伟大旗帜 为全面建设社会主义现代化国家而团结奋斗——在中国共产党第二十次全国代表大会上的报告[M].北京：人民出版社，2022：12-13.
[2] 习近平.习近平谈治国理政（第一卷）[M].北京：外文出版社，2014：354.
[3] 习近平.习近平谈治国理政（第一卷）[M].北京：外文出版社，2014：272.

丽的世界"。

1. 坚持对话协商,建设一个持久和平的世界

人类历史上曾经饱受战乱之苦,山河破碎、生灵涂炭。因此,要和平不要战争是世界各国人民真实而朴素的愿望。建设一个持久和平的世界,核心要义在于国与国之间要形成平等相待、互商互谅、互学互鉴的伙伴关系。习近平指出,"国家之间要构建对话不对抗、结伴不结盟的伙伴关系。大国要尊重彼此核心利益和重大关切,管控矛盾分歧,努力构建不冲突不对抗、相互尊重、合作共赢的新型关系"[1]。平等相待,最重要的是主权平等。其"真谛在于国家不分大小、强弱、贫富,主权和尊严必须得到尊重,内政不容干涉,都有权自主选择社会制度和发展道路"[2],"发展是实现人民幸福的关键。在人类追求幸福的道路上,一个国家、一个民族都不能少。世界上所有国家、所有民族都应该享有平等的发展机会和权利"[3]。通过对话协商来解决争端,是对西方国家霸权主义、零和博弈交往方式的深刻省思,是在社会主义制度和资本主义制度长期共存的条件下,化解意识形态分歧,谋求不同制度国家和平共处的中国智慧。

2. 坚持共建共享,建设一个普遍安全的世界

国家安全是国家生存发展、人民幸福安康的首要前提。当前,国际形势动荡复杂,传统安全威胁和非传统安全威胁相互交织,安全的内涵和外延都在进一步拓展,同时人类越来越利益交融、安危与共。一国的安全不能建立在别国不安全的基础上。习近平指出,"世上没

---

[1] 习近平. 习近平谈治国理政(第二卷)[M]. 北京:外文出版社,2017:541.
[2] 习近平. 习近平谈治国理政(第二卷)[M]. 北京:外文出版社,2017:539.
[3] 习近平. 习近平谈治国理政(第四卷)[M]. 北京:外文出版社,2022:425.

有绝对安全的世外桃源，一国的安全不能建立在别国的动荡之上，他国的威胁也可能成为本国的挑战。邻居出了问题，不能光想着扎好自家篱笆，而应该去帮一把。'单则易折，众则难摧。'各方应该树立共同、综合、合作、可持续的安全观"[1]。通过共建实现共享，是中国共产党为解决全人类共同面临的安全问题提出的新理念，既摒弃了冷战思维、零和博弈的旧思维，也超越了马克思世界历史理论对资本主义野蛮性的批判，是深刻把握当今世界发展大势，解决国际争端，共同应对人类安全挑战的中国智慧。

3. 坚持合作共赢，建设一个共同繁荣的世界

经济全球化作为不可逆转的时代潮流，促进了资本、技术、知识在全球范围内的优化配置，为全球经济和社会发展提供了前所未有的物质技术条件，给各国各地区提供了新的发展机遇。但不可否认，经济全球化作为一把"双刃剑"，加剧了全球范围内的贫富差距，发达国家处在全球产业链的顶端，攫取了更多的利益和资源，而发展中国家大多处在全球产业链的低端，靠着能源资源的消耗与廉价的劳动力参与经济全球化的进程。习近平通过对经济全球化进程的总体把握，为解决发达国家和发展中国家在全球化进程中地位不对等的问题，提出了富有中国智慧的解决方案，旗帜鲜明地反对单边主义、贸易保护主义，倡导合作共赢。他指出，"要维护世界贸易组织规则，支持开放、透明、包容、非歧视性的多边贸易体制，构建开放型世界经济。如果搞贸易保护主义、画地为牢，损人不利己"[2]。中国通过落实"一带一路"倡议，恪守和平合作、政治互信、互学互鉴、互利共赢理

---

[1] 习近平. 习近平谈治国理政（第二卷）[M]. 北京：外文出版社，2017：541-542.
[2] 习近平. 习近平谈治国理政（第二卷）[M]. 北京：外文出版社，2017：542-543.

念，推动沿线国家共建共享"一带一路"成果，为处在低迷状态的世界经济注入了新的活力。

4. 坚持交流互鉴，建设一个开放包容的世界

世界上不同的国家孕育了不同的文明，文明的多样性是世界的基本特征。可是从工业革命开始，由于资本主义国家率先实现了现代化，因此，资本主义道路一直被包装为实现现代化的唯一道路，资本主义文明也被包装成"普世价值"在世界范围内大肆推销。无论是亨廷顿的"文明冲突论"，还是福山的"历史终结论"，无不充斥着文明优越与文化霸权。文化霸权给人类带来的不是幸福和安宁，而是冲突与动荡。习近平在充分尊重文明多样性的基础上，积极倡导"和而不同、兼收并蓄"的文明交流，他指出，"不同历史和国情，不同民族和习俗，孕育了不同文明，使世界更加丰富多彩。文明没有高下、优劣之分，只有特色、地域之别。文明差异不应该成为世界冲突的根源，而应该成为人类文明进步的动力"[1]。和而不同，兼收并蓄的文明观是习近平在马克思世界历史理论的基础上，对人类文明多样性的充分肯定，既为解决文明冲突提供了全新方案，也为不同文化背景、不同历史传统、不同国情的国家选择适合本国国情的发展道路，奠定了思想基础。

5. 坚持绿色低碳，建设一个清洁美丽的世界

资本主义推进了经济全球化，带来了全球生态问题。资本的逐利性对生态环境的破坏日益成为全人类面临的共同的生态危机。生态问题，归根结底是如何处理人与自然的关系问题。习近平充分吸收了马

---

[1] 习近平. 习近平谈治国理政（第二卷）[M]. 北京：外文出版社，2017：544.

克思主义人化自然的思想，提出人与自然是生命共同体。他指出，"人与自然共生共存，伤害自然最终将伤及人类。空气、水、土壤、蓝天等自然资源用之不觉、失之难续。工业化创造了前所未有的物质财富，也产生了难以弥补的生态创伤。我们不能吃祖宗饭、断子孙路，用破坏性方式搞发展。绿水青山就是金山银山。我们应该遵循天人合一、道法自然的理念，寻求永续发展之路"①。人类只有一个地球，守护好人类共有的家园，是世界各国共同的责任与义务。

二、新时代中国共产党社会发展理论的精神实质

西方发展理论一直将多党轮流执政的西式民主和私有制永恒、市场万能的经济制度视为西方发展模式的圭臬，向发展中国家大肆推销。然而，中国的发展打破西方发展模式的思维固化，既没有实行多党制，也没有实行完全私有化，而是始终坚持中国共产党的领导，坚持中国特色社会主义发展道路，坚持以全体人民共同富裕作为发展目标，这种与西方完全不同的政党制度和发展道路，却"创造了世所罕见的经济快速发展奇迹和社会长期稳定奇迹"②，彰显了中国共产党社会发展理论的独特魅力。

（一）坚持中国共产党的领导

中国共产党的领导是中国特色社会主义最本质的特征，是中国特色社会主义制度的最大优势，这是党的十八大以来习近平提出的一个重要论断。始终坚持中国共产党的领导，是中国发展模式与西方发展

---

① 习近平．习近平谈治国理政（第二卷）[M]．北京：外文出版社，2017：544.
② 中共中央关于坚持和完善中国特色社会主义制度 推进国家治理体系和治理能力现代化若干重大问题的决定 [M]．北京：人民出版社，2019：2.

模式最本质的区别。中国共产党的领导地位不是凭空得来的，而是历史和人民的选择。鸦片战争以来，中国逐步沦为半殖民地半封建社会，为了挽救民族危亡和实现国家富强，各种政治力量提出了各种各样的救国方案，无论是封建地主阶级的实业救国，还是资产阶级改良派的君主立宪制，抑或资产阶级革命派建立的资产阶级共和国，无一成功，都没能使中国走上现代化的发展道路。只有在中国共产党成立后，中国的革命面貌才焕然一新。在中国共产党的领导下，中国实现了民族独立和人民解放，建立了新中国，确立了社会主义制度，开辟了改革开放伟大事业，实现现代化的百年梦想才有了实现的可能。回顾"中华民族近代以来180多年的历史、中国共产党成立以来100年的历史、中华人民共和国成立以来70多年的历史都充分证明，没有中国共产党，就没有新中国，就没有中华民族伟大复兴。历史和人民选择了中国共产党"[1]。党的十八大以来，以习近平同志为核心的党中央坚定不移加强和改进党的集中统一领导，坚决维护习近平同志党中央核心、全党核心地位，坚决维护党中央权威和党的集中统一领导，战胜一系列重大风险挑战，推动中国特色社会主义现代化事业蓬勃发展，党和国家事业取得历史性成就、发生历史性变革，"中国之治"与"西方之乱"形成鲜明对比。坚持党对一切工作的领导，是党和国家的根本所在、命脉所在，是全国各族人民的利益所在、幸福所在。

（二）坚定不移捍卫中国特色社会主义发展道路

人类进入现代社会以来，世界各国追求发展的道路大致有两条：一条是欧美式的资本主义道路，即通过资本主义制度实现现代化；另

---

[1] 习近平. 习近平谈治国理政（第四卷）[M]. 北京：外文出版社，2022：8.

一条是社会主义道路，即通过社会主义实现民族独立和国家富强。由于社会主义是新生事物，如何经由社会主义道路实现现代化，是社会主义国家面临的全新课题。第一个社会主义国家苏联在探索社会主义发展道路的过程中，形成了政治经济高度集中的"苏联模式"，既取得了辉煌成就，也存在严重弊端，最终在资本主义的疯狂进攻之下，放弃了社会主义，走上了资本主义道路。面对苏联等社会主义国家发展道路遭受的严重挫折，中国共产党人从社会主义事业遭遇低潮的挫折中奋起，顶住"资本主义终结人类历史"的喧嚣，与民主社会主义思潮划清界限，艰难开拓中国特色社会主义道路。党的十八大以来，习近平反复强调，"道路问题是关系党的事业兴衰成败第一位的问题，道路就是党的生命"①。对于中国应该选择什么样的发展道路，习近平强调，"独特的文化传统，独特的历史命运，独特的基本国情，注定了我们必然要走适合自己特点的发展道路"②。适合中国自己特点的发展道路就是中国特色社会主义道路。这条道路不仅使中国人民逐步摆脱了贫穷和落后，大踏步地赶上了时代，也为世界上其他国家实现现代化提供了不同于资本主义的道路选择，为人类社会的发展贡献了中国智慧和中国方案。

（三）坚持以全体人民共同富裕为发展目标

共同富裕是人类文明发展中的难题，迄今为止，还没有哪个国家完美地解决了这个问题。西方现代化在社会财富积累的同时，长期存在贫富悬殊、两极分化。共同富裕是社会主义的本质要求，是中国共

---

① 习近平．习近平谈治国理政（第一卷）[M]．北京：外文出版社，2014：21.
② 习近平．习近平谈治国理政（第一卷）[M]．北京：外文出版社，2014：156.

产党矢志不渝的价值追求，是社会主义现代化建设的重要目标和内容，具有鲜明的时代特征和中国特色。在新中国成立初期，毛泽东在谈到中国发展富强的目标时曾明确指出，"这个富，是共同的富，这个强，是共同的强，大家都有份"①。改革开放之后，邓小平更是多次强调"共同富裕"，并将"共同富裕"概括为社会主义的本质特征。党的十八大以来，以习近平同志为核心的党中央以前所未有的力度推动共同富裕，在实现经济持续快速发展的同时，历史性地解决了9899万农村贫困人口的脱贫问题，全面实现832个贫困县和12.8万个贫困村脱贫摘帽，史无前例地消除了困扰中国千百年的绝对贫困问题，为实现全体人民的共同富裕奠定了坚实的基础。在历史性解决了绝对贫困问题后，党中央对扎实推动共同富裕做出重大战略部署，党的十九届五中全会将"人民生活更加美好，人的全面发展、全体人民共同富裕取得更为明显的实质性进展"②确定为到2035年基本实现社会主义现代化远景目标中的重要内容，充分彰显了中国特色社会主义发展的鲜明特色。党的二十大报告指出，"中国式现代化是全体人民共同富裕的现代化，共同富裕是中国特色社会主义的本质要求，也是一个长期的历史过程。我们坚持把实现人民对美好生活的向往作为现代化建设的出发点和落脚点，着力维护和促进社会公平正义，着力促进全体人民共同富裕，坚决防止两极分化"③。从全面小康到共同富裕，贯穿

---

① 毛泽东. 毛泽东文集（第6卷）[M]. 北京：人民出版社，1999：495.
② 中共中央关于制定国民经济和社会发展第十四个五年规划和二〇三五年远景目标的建议 [M]. 北京：人民出版社，2020：5.
③ 习近平. 高举中国特色社会主义伟大旗帜　为全面建设社会主义现代化国家而团结奋斗——在中国共产党第二十次全国代表大会上的报告 [M]. 北京：人民出版社，2022：22.

始终的是以人民为中心的发展思想，充分彰显了新时代中国共产党社会发展理论的精神实质，体现了中国共产党推动经济社会发展的根本目的和本质要求。

第三节 新时代中国共产党社会发展理论的重要意义

新时代中国共产党社会发展理论是中国共产党人推进马克思主义社会发展理论中国化时代化过程中形成的最新理论成果，深化了对社会主义发展规律的认识，具有鲜明的中国风格和中国气派，是坚持走中国式现代化道路，全面建成社会主义现代化强国的理论指南，具有独特的理论魅力和实践伟力。

一、彰显了马克思主义社会发展理论鲜明的问题导向

马克思主义始终把回应时代课题作为自己的重要使命。发展问题是世界上所有国家都要面对的重大现实问题，特别是对于广大发展中国家来说，如何发展是最紧迫的现实问题。长期以来，西方发展理论主导世界现代化的话语权，认为发展中国家的发展是单一线性的，最终的发展目标就是西方化或者说美国化。马克思主义发展理论与西方发展理论最本质的区别集中体现在对资本主义社会历史地位和作用的认识。马克思主义发展理论坚持唯物史观，站在人类社会发展的总体趋势这一宏观视角来审视发展问题，深刻阐释了人类社会由低到高、由简单到复杂的发展过程。人类社会的每一个发展阶段，都必然经历产生、发展、灭亡的历史过程，资本主义社会也不例外，其灭亡的趋势不可避免，终将被一种更高、更先进的社会制度所取代。同时，马克思不仅揭示了人类社会发展的一般规律，指出社会发展的总体趋势都是前进的、上升的，也深入阐释了由于不同的国家和民族间存在巨大的差异性和多样性，这些国家和民族可以选择不同的发展道路和发展方式，不必须遵循单一的线性发展模式，人类社会发展道路的是多样的。中国共产党人摆脱了西方发展理论的禁锢，坚持"把马克思主义基本原理与中国实际相结合、与中华优秀传统文化相结合"①，在现代化场景下探索符合中国国情的发展模式，继承并丰富了马克思主义发展理论，形成了新时代中国共产党社会发展理论。新时代中国共产党社会发展理论坚持把发展放在本国力量的基点上，充分发挥生产力中最活跃的因素——人的积极性；继承和发展马克思主义发展理论的内在要求，注重发展的协调性；继承和发展马克思主义关于人与自然辩证关系原理，坚持绿色发展，努力促进人与自然和谐共生；进一步丰富了马克思主义世界历史理论，统筹国内国际两个大局，坚持开放发展，不断提升对外开放的能力和水平；牢牢把握马克思主义的人民立场，将发展的最终目标落脚到人的发展，全体人民共享改革发展成果，不仅致力于做大"蛋糕"，而且致力于分好"蛋糕"，逐步实现全体人民的共同发展、共同富裕。新时代中国共产党社会发展理论在历史与现实、理论与实践相结合的基础上，深刻认识与把握新时代中国发展规律，继承和发展了马克思主义社会发展理论的基本观点，体现了鲜明的问题导向，极大地丰富了马克思主义的理论宝库，彰显了马

---

① 习近平. 高举中国特色社会主义伟大旗帜 为全面建设社会主义现代化国家而团结奋斗——在中国共产党第二十次全国代表大会上的报告 [M]. 北京：人民出版社，2022：17.

克思主义发展理论重要的时代价值。

二、打破了"现代化=西方化"的话语霸权，实现对西方发展理论的全面超越

近代以来，西方资本主义国家主导的西方式现代化长期拥有话语霸权，中国的社会主义现代化虽然取得了辉煌成就，却没有在国际发展理论领域获得相应的话语权。然而近年来，在西方发展理论的主导下，无论是西方国家本身，还是照搬西方发展模式的发展中国家，各种发展问题层出不穷，特别是2020年新冠疫情暴发以来，资本主义现代化道路的弊端更是暴露无遗，西方发展理论与发展现实的悖论日益凸显。事实充分证明，资本主义不但没有终结人类的历史，反而使越来越多的人开始对西方发展模式进行深刻反思。与此形成鲜明对比的是，作为世界上最大的发展中国家，中国的现代化成就"风景这边独好"，在全球范围内率先控制住疫情、率先复工复产，在世界主要经济体中率先实现正增长，充分彰显了中国特色社会主义制度的显著优势，极大提升了中国式现代化道路的国际话语权。新时代中国共产党社会发展理论以其特有的理论风格和气派提升了中国共产党社会发展理论的世界影响力，突破西方资本主义现代化发展模式对资本的盲目依赖，深刻回答了人类社会的发展动力问题；破解了资本主义现代化坚持经济利益至上导致的发展失衡问题，深刻回答了人类社会如何实现健康、可持续发展的问题；针对西方资本主义现代化导致生态失衡的现实问题，深刻回答了人类社会发展如何走出一条生态文明发展新路的问题；超越了西方国家以邻为壑、零和博弈的霸权逻辑，阐明了中国自身的发展与世界和平发展的关系问题；破解西方现代化的物质

主义至上，阐明了中国发展的根本目的问题，指明了人类社会发展的前进方向。事实充分证明，以什么样的理论为指导，在实践中就会选择什么样的现代化道路，就会取得什么样的发展成就。人类的现代化道路绝非西方发展理论标榜的线性单向的，而可以有多种选择，其关键在于能否形成适合本国国情的发展理论，选择适合本国国情的现代化道路。正如习近平指出："中国人民的成功实践昭示世人，通向现代化的道路不止一条，只要找准正确方向、驰而不息，条条大路通罗马。"[①] "各国自主选择社会制度和发展道路的权利应当得到维护，体现在各国推动经济社会发展、改善人民生活的实践应当受到尊重。"[②] 每个国家都应该探索符合本国国情的发展道路，总结和提炼适合本国国情的发展理念。对于广大发展中国家来说，中国的发展理念和现代化实践为它们实现现代化提供了全新的发展思路与道路选择，打破了长期以来形成的西方发展理论的话语霸权，为广大发展中国家独立自主探索符合本国国情的发展理念和现代化道路提供了中国智慧和中国方案。

三、为全面建设社会主义现代化国家，实现高质量发展提供了科学指南

实现高质量发展是中国式现代化的本质要求。新时代中国的发展既面临难得的机遇，也面临前所未有的挑战，如何在新的历史条件下，抓住机遇，迎接挑战，实现高质量发展，成为当代中国共产党人亟须

[①] 习近平. 论坚持推动构建人类命运共同体 [M]. 北京：中央文献出版社，2018：519.
[②] 习近平. 习近平谈治国理政（第二卷）[M]. 北京：外文出版社，2017：523.

解决的重大现实问题。全面建设社会主义现代化国家开启新征程，发展的机遇与挑战并存，迎接挑战抓住机遇，重要的就是思想、思路、思维的革新。实现高质量发展，首先就需要思想理念、思维观念、行为方式的革命与更新。中国共产党的百年奋斗就是在发展中不断进行思想解放，进行自我革命的历程，就是不断总结发展经验、探索发展模式的历程，就是不断提高发展质量，让发展成果更好地惠及广大人民群众，提高人民群众生活质量的历程。新时代中国共产党社会发展理论标志着中国共产党治国理政进入新境界，治国理政新理念、新方法、新优势基本形成。围绕新时代的中国应该实现什么样的发展，如何发展这一主题，着力破解事关中国发展全局的根本性问题。在新时代中国共产党社会发展理论的指导下，中国经济社会发展取得了显著的成就。党的二十大报告明确指出，"我们提出并贯彻新发展理念，着力推进高质量发展，推动构建新发展格局，实施供给侧结构性改革，制定一系列具有全局性意义的区域重大战略，我国经济实力实现历史性跃升"[1]。实践充分证明，新发展理念是中国新时代发展思路、发展方向、发展着力点的集中体现，是管全局、管根本、管长远的导向，新时代中国共产党社会发展理论是中国式现代化的基本遵循和指导思想。当前，世界百年未有之大变局加速演进，人类社会未来发展面临的不确定性持续增加。中国全面踏上建设社会主义现代化国家的新征程，前所未有地接近中华民族伟大复兴的宏伟目标。因此，无论是从国际还是从国内看，以中国式现代化全面推进中华民族伟大复兴既面

---

[1] 习近平. 高举中国特色社会主义伟大旗帜　为全面建设社会主义现代化国家而团结奋斗——在中国共产党第二十次全国代表大会上的报告［M］. 北京：人民出版社，2022：8.

临难得的机遇，也面临诸多风险与挑战。能否抓住发展机遇，化解各种风险与挑战，必须增强忧患意识，完整、准确、全面贯彻落实新发展理念，随时准备应对各种复杂困难的局面，牢牢掌握发展的主动权，确保以中国式现代化实现中华民族伟大复兴的目标顺利、如期实现。

第四节　新发展理念指导下中国发展的个案分析
——以辽宁阜新海州露天矿为例

中国共产党一贯高度重视生态文明建设，坚持把保护环境和节约资源作为基本国策。党的十八大以来，中国各地生态文明建设成效显著，全国各地因地制宜，落实绿色发展理念，开展生态文明建设，"绿水青山就是金山银山"的观念正在变成现实。从全国的情况来看，能源资源利用效率、生态保护与修复力度、绿色产业、海洋事业、应对气候变化等方面都取得了重大成就。其中，一些地区"大力推动绿色矿山建设"取得积极进展。作为老工业基地，采矿业曾是辽宁的支柱产业，特别是阜新市海州露天矿在新中国的历史上曾经创造了巨大的辉煌，但是随着资源的枯竭，城市发展陷入困境。近年来，在寻找资源枯竭型城市转型发展的探索中，阜新市通过建设工业遗产旅游示范区等举措，使昔日的废弃矿山展现出了新的绿色容颜，重获新生。目前，工业遗产旅游已成为资源型城市转型发展的新思路和重要途径。

一、海州露天矿基本情况概述

海州露天矿是"一五"时期全国156个重点工程项目之一，曾经是亚洲最大的露天煤矿。半个多世纪以来，海州露天矿共开采煤炭2.4亿吨，上缴利税33亿元，为新中国的经济建设做出了巨大的贡献。2005年，海州露天矿正式宣布闭坑破产，完成了生产建设的历史使命。与此同时，露天矿遗留的一系列矿山环境问题也给阜新市带来了沉重的历史负担，对当地经济社会的可持续发展产生了巨大的负面影响。2006年，国土资源部（现自然资源部）将该矿区定为首批28家矿山公园之一。经过10余年的发展，矿坑边上，当年由采矿堆积起来的高100米、占地15平方公里并随时可能自燃的光秃秃的矸石山，如今已是草长莺飞的绿色高地。矿坑前面耸立着"海州矿精神永存"的大型雕塑，一些具有历史价值的大型机械设备矗立在雕塑下方的巨大广场，无声地诉说着海州矿昔日的辉煌。面对海州煤矿过往的辉煌历史，在工业遗产的主题下，变废为宝，让它继续造福阜新，成为一种更合理的选择。虽然目前阜新国家矿山公园建设还面临模式单一、资金短缺等困惑，但是阜新作为工业遗产项目中起步较早的老工业基地之一，它的发展为我们深入理解与推进绿色发展理念，建设美丽中国，提供了一种新的视角。

二、从海州露天矿的发展看绿色发展理念的重大意义

（一）绿色发展理念凸显中国共产党的执政宗旨

习近平指出，"中国共产党人的初心和使命，就是为中国人民谋幸福，为中华民族谋复兴"[1]。习近平总书记在十九届中共中央政治局常委同中外记者见面时的讲话中指出，"我们要牢记人民对美好生活

---

[1] 习近平. 习近平谈治国理政（第三卷）[M]. 北京：外文出版社，2020：1.

的向往就是我们的奋斗目标"。其中，良好的生态环境是"人民对美好生活的向往"的重要内容。随着社会发展和人民生活水平的不断提高，人民群众对干净的水、清新的空气、安全的食品、优美的环境等要求越来越高，在人民群众的幸福指数中，环境因素的比重不断提升。习近平总书记指出："良好生态环境是最公平的公共产品，是最普惠的民生福祉。"① 因此，保护生态环境，建设美丽中国，事关广大人民群众的根本利益，关乎中华民族的长远发展。我们党把绿色发展理念作为指导我国经济社会发展的重要指导理念，就是从广大人民群众的根本利益出发，让广大人民群众在优美的环境中生产生活，充分彰显中国共产党"全心全意为人民服务"的根本宗旨。

（二）绿色发展理念彰显社会主义制度的优越性

从人类社会发展的历史进程看，人与自然的严重对立是在资本主义生产方式出现以后。由于资本本身具有的逐利性，直接促使资产阶级对自然界进行贪婪的索取和无节制抢掠。恩格斯曾在《英国工人阶级状况》一书中详细地论述了资本主义工业化对社会生态环境的严重破坏，以大量史实揭露了资本主义生产造成的生态灾难。他在书中写道："如果说大城市的生活本来就已经对健康不利，那么，工人区的污浊空气造成的危害又该是多么大啊，我们已经看到，一切能污染空气的东西都聚集在那里。"② 因此，马克思和恩格斯认为，资本主义制度必然带来资源的衰竭和生态环境的破坏。只有社会主义制度才能

---

① 中共中央宣传部. 习近平总书记系列重要讲话读本［M］. 北京：学习出版社、人民出版社，2014：123.
② 马克思，恩格斯. 马克思恩格斯文集（第 1 卷）［M］. 北京：人民出版社，2009：410.

从多数人的利益出发,改变过去那种对自然资源不合理的掠夺和开发,从根本上调节人与自然的关系,致力于人与自然的双重解放,实现人类生产的长远发展。作为中国共产党领导的社会主义国家,中国始终高度重视生态文明建设:坚持节约资源和保护环境的基本国策;生态文明建设是中国特色社会主义总布局的重要组成部分;美丽中国是建设实现社会主义现代化强国的重要目标之一;科学发展观是党必须坚持的指导思想;包括绿色发展理念在内的新发展理念是习近平新时代中国特色社会主义思想的重要内容。党的十八大以来,中国生态文明建设成效显著,"绿水青山就是金山银山"的理念逐步确立,人与自然和谐相处的局面正在中华大地逐渐变成美好现实。与此同时,与一些发达资本国家相比,中国积极引导应对国际气候变化,在全球生态文明建设中做出重大贡献。实践充分证明,绿色发展理念着眼于中华民族和人类社会的长远发展,充分体现了中国特色社会主义制度的优越性。

(三)绿色发展理念彰显马克思主义生态理论的时代价值

绿色发展理念是在坚持马克思主义自然观的基本原理,同时汲取中华文明中积淀的"天人合一""道法自然"等丰富的生态智慧,立足解决中国发展过程中面临的生态问题的基础上提出来的。绿色发展理念是中国共产党人运用马克思主义基本原理解决中国实际问题的重大理论创造,是马克思主义自然观在当代中国具体运用和丰富发展。从阜新海州露天矿的情况来看,矿山的辉煌时期是建立在自然界丰富的资源储备的基础上的,几十年的开采为新中国的工业化建设做出了巨大贡献,人类在根据主体需要改造自然,自然在一定时期内满足了主体的需要。但是随着资源的枯竭,人与自然关系失衡的负面效应开始凸显：煤炭资源逐渐减少，经济实力弱小，下岗失业人员多，居民生活贫困，生态环境遭到破坏，大气污染严重。这些负面效应损害了人类社会的根本利益。如何解决废弃矿山遗留的一系列问题成为摆在当地政府和群众面前的一项重大课题。国家矿山公园的设立充分体现了人类的主体作用，为重新调整人与自然的关系提供了一种新的思路。海州露天矿是工业化进程中人类给自然界留下的巨大疮疤，与此同时，海州露天煤矿也全景式展示了现代中国工业文明百年发展的历史，曾被选入中国普通邮票和人民币背景图案，其丰富的人文遗迹和特殊的旅游资源可见一斑。在绿色发展理念的指导下，当地政府通过周边环境治理，建立国家矿山公园，把巨大的工业遗产转化为丰富的旅游资源，使人与自然的关系重新回到良性发展的轨道，是中国共产党人运用马克思主义基本原理解决当代中国生态问题的一次成功实践。

（四）绿色发展理念提供了发展中国家处理人与自然关系的中国智慧

长期以来，西方学者一直强调，只有资本主义道路才是人类的通往现代化的唯一道路，任何国家要发展，都必须走西方国家走过的道路。而中国特色社会主义道路在实践中的巨大成就，为人类的现代化目标提供了一条不同于资本主义的道路选择。中国特色社会主义的发展一再证明，资本主义并没有终结人类的历史，人类实现现代化的道路并不是唯一的。党的十九大报告指出，"中国特色社会主义进入新时代，意味着中国特色社会主义道路、理论、制度、文化不断发展，拓展了发展中国家走向现代化的途径，给世界上那些既希望加快发展又希望保持自身独立性的国家和民族提供了全新选择，为解决人类问题贡献了中国智慧和中国方案"①。经过 40 多年的快速发展,中国经济建设取得辉煌成就,与此同时积累下来的生态环境问题也日益显现,进入高发频发阶段。比如,水体污染、固体废弃物污染、土壤污染,以及全国频繁出现大范围长时间的雾霾污染天气,等等。作为一个发展中大国,中国能源资源数量有限,生态环境承载力差,决定了中国不能像欧美国家那样走"先污染、后治理"的老路。中国在几十年的时间完成了西方国家几百年的现代化历程,环境矛盾集中爆发,如果对这些问题听之任之,未来的发展必将难以为继。特别是像阜新这样的资源型城市,如何走出资源枯竭后面临的发展困境,是一个亟待解决的问题。从海州露天矿的实际情况来看,面对矿山关闭后留下的沉重的社会和生态问题,2014 年年底,阜新市政府开始实施海州矿环境治理工程,经过几年的建设,海州矿开始露出新的绿色容颜。在矿坑遗址上建设的国家矿山公园是我国首个工业遗产旅游示范区。随着生态环境的改善,如今这里已经成为当地市民休闲娱乐的重要场所,也成为阜新一张新的名片。世界上最大的人工废弃矿坑重获新生,可以说是绿色发展理念的一次成功实践。绿色发展理念不仅明确中国实现现代化的过程是人与自然和谐发展的过程,也明确了广大人民既是实现现代化的参与者,更是受益者。与为少数人利益服务的资本主义国家在工业化的过程中严重破坏生态环境,造成了危害巨大的环境公害事件,损害广大人民的根本利益相比,绿色发展理念彰显了社会主义现代化和资本主义现代化的本质区别。作为中国在处理人与自然之间关系的实践经验的概括总结,绿色发展理念彰显了鲜明的中国特

---

① 习近平. 习近平谈治国理政(第三卷)[M]. 北京:外文出版社,2020:8.

色，拓宽了人与自然和谐相处的新途径，为发展中国家实现现代化的目标提供了中国智慧。

三、海州露天矿转型发展对践行绿色发展理念的几点启示

（一）把"绿色"和"发展"统一起来

绿色发展理念落脚点在发展，"发展"是绿色发展理念的目标，"绿色"是发展的具体方式。绿色发展理念要求人们不能为了追求生产力的发展，不计代价，破坏生态环境，造成人与自然的严重对立。然而，把"绿色"作为终极追求，主张回到田园牧歌式的生活状态，以牺牲生产力发展和社会进步的方式进行的生态建设，也是与绿色发展理念背道而驰的。因此，绿色发展理念不是要使自然保持原初的状态，安静的存在，生态恢复也不是要使自然恢复到原来的状态，而是指人类的发展和自然的存在保持一种良性互动的状态，既要使人类活动符合自然规律，又能使自然能够更好地满足人类生存发展的需要。因此，海州露天矿国家矿山公园的设立，不是也不可能使矿山恢复到开采前的状态，而是通过对矿山生态环境的治理，使巨大的工业遗产转化为丰富的旅游资源，更好地促进当地经济社会发展，实现人与自然的良性互动，实现"绿色"和"发展"的有机统一起来。

（二）把"富国"和"惠民"统一起来

绿色发展理念提出了绿色富国的重大命题。绿色低碳循环发展是当今时代科技革命和产业变革的方向，是最有前途的发展领域；节能环保产业是方兴未艾的朝阳产业，中国在这方面潜力巨大，可以形成很多新的经济增长点。坚持以绿色发展理念为指引，使中国走上新型工业化道路,适应经济发展新常态,转变经济发展方式,促进产业优化升级,能够推动国家走上富强之路。与此同时,生态环境也是最大的民生问题,与社会每一名成员息息相关。优美的生态环境关乎广大人民群众的根本利益。贯彻绿色发展理念,必须把"富国"和"惠民"统一起来,通过实现绿色"富国",更好地实现绿色"惠民",反过来,通过绿色"惠民",进一步促进绿色"富国"目标的实现。"坚持绿色富国、绿色惠民,为人民提供更多优质生态产品,推动形成绿色发展方式和生活方式,协同推进人民富裕、国家富强、中国美丽。"[①] 从海州露天矿国家矿山公园的建设来看,一方面,国家矿山公园的建立促进了当地旅游行业的发展,同时带动其他相关产业的发展,给当地政府带来了新的经济增长点;另一方面,国家矿山公园也为当地市民增加了就业机会,提供了优美的生态环境,使海州露天矿继续造福人民,充分体现了"绿水青山就是金山银山"生态文明理念。

(三)把"政府主导"和"全民参与"统一起来

践行绿色发展理念,建设生态文明是一场涉及生产方式、生活方式、思维方式和价值观念的革命性变革,必须在党和政府的统筹规划下整体推进。同时,绿色发展理念的践行又与每一个社会成员息息相关。保护环境,人人有责;绿色发展,人人应为。这个"应为"就是要形成绿色环保的生活方式,主动节约资源、保护环境,从身边小事做起,每个人都是绿色发展的一分子。绿色发展只有成为每一名社会

---

① 中共中央关于制定国民经济和社会发展第十三个五年规划的建议[M].北京:人民出版社,2015:23.

成员的理性认知并且积极践行,绿色发展才能成为美好现实。海州露天矿国家矿山公园是在政府主导下建立起来的,得到了当地广大人民群众的广泛支持和积极响应。同时,良好旅游环境的形成也与每一位市民的积极参与息息相关。良好生态环境的恢复,更离不开广大人民群众的共同努力。因此,践行绿色发展要把"政府主导"和"全民参与"统一起来,才能开创社会主义生态文明新时代,赢得中华民族永续发展的美好未来。

推动绿色发展,建设美丽中国是建设社会主义现代化强国的重要目标,是实现中华民族伟大复兴中国梦的重要内容。在实现社会主义现代化的过程中,如何不断推动经济社会发展的同时,实现人与自然的和谐共处是我们面临的重大课题。阜新海州露天矿国家矿山公园的建立为资源枯竭型城市转型发展提供了一种新的视角和路径选择,是人与自然的关系重新回到良性互动轨道的一次成功尝试。中国特色社会主义进入新时代,如何在绿色发展理念的指导下,坚持"绿色"和"发展"的统一、"富国"和"惠民"的统一、"政府主导"和"全民参与"的统一,逐步解决几十年社会主义建设遗留的生态环境问题,助力美丽中国建设,是值得全社会认真思考的重大课题。

本章小结

本章对新时代中国共产党社会发展理论进行了全面的总结和梳理。党的十八大以来,面对已经发展起来的中国面临的一系列新情况、新问题,以习近平为代表的中国共产党人重点回答了中国发展起来以后应该实现什么样的发展、怎样发展等一系列重大问题，形成了以创新、协调、绿色、开放、共享五大新发展理念为代表的一系列有关发展的新理念、新观点、新论断。

新时代中国共产党社会发展理论的生成逻辑，一是源自马克思主义社会发展理论创新发展的时代要求；二是源自中国共产党追求现代化的百年探索的重要经验；三是源自中国特色社会主义新时代的发展实践。

新时代中国共产党社会发展理论的内容体系包括：实现中华民族伟大复兴的"中国梦"的发展目标；发展主体是坚持以人民为中心的发展思想；发展理念是创新、协调、绿色、开放、共享；发展的阶段定位是立足社会主义初级阶段基本国情、全面把握新发展阶段；发展的动力是有立场、有方向、有原则的全面深化改革；在处理经济社会发展与自然的关系中，坚持绿水青山就是金山银山，促进人与自然和谐共生；发展的外部条件是走和平发展道路，推动构建人类命运共同体。新时代中国共产党社会发展理论的内容体系的精神实质是坚持中国共产党的领导，坚持中国特色社会主义发展道路，坚持全体人民共同富裕。

新时代中国共产党社会发展理论丰富和发展了马克思主义发展理论；为中国特色社会主义新时代的发展实践提供了科学指南；为人类社会发展贡献了中国智慧和中国方案，提升了中国式现代化道路的国际话语权，为发展中国家的现代化道路提供了全新选择。

第六章

中国共产党社会发展理论的鲜明特色与方法论意义

中国共产党是以马克思主义为指导思想的政党。但是,改革开放以来,中国的发展受到了来自西方发展理论的干扰和误导,特别是在互联网时代,各种社会思潮相互激荡,中国的发展问题引起了广泛关注。经过几十年的艰辛探索,中国共产党人在马克思主义社会发展理论指导下,摆脱西方发展理论的窠臼,在新的历史条件下丰富和发展了马克思主义社会发展理论,形成了特色鲜明的中国共产党社会发展理论,对于发展中国家的发展具有重要的方法论意义。

第一节 中国共产党社会发展理论的鲜明特色

为了实现现代化,一代又一代的中国共产党人始终高举马克思主义伟大旗帜,立足中国国情矢志奋斗。中国共产党社会发展理论既体现了马克思主义社会发展理论的立场、观点、方法,也彰显了鲜明的中国特色。100多年来,无论顺境还是逆境,中国共产党人的发展目标始终清晰明确,发展道路始终坚定不移,善于清醒地把握中国所处的发展阶段，始终坚持把改革作为推动发展的动力，坚持人民群众在推动发展中的主体地位，始终把人民的满意度作为评价发展的最高标准，形成了内容鲜明、独具特色的中国共产党社会发展理论。

一、发展目标：国家富强，人民幸福

实现全人类的解放，是马克思社会发展理论的终极追求和最高目标。中国共产党作为马克思主义政党，始终坚持马克思主义的人民立场，把实现国家富强、人民幸福作为实现发展的最高目标。习近平在党的二十大报告中指出，"江山就是人民，人民就是江山。中国共产党领导人民打江山、守江山，守的是人民的心"[①]。无论是在艰苦卓绝的革命战争年代，还是新中国成立初期一穷二白的基础上，抑或波澜壮阔的改革开放进程中，中国共产党人始终以国家富强、民族复兴、人民幸福为己任，为这一发展目标不懈奋斗。以毛泽东为代表的中国共产党人在革命战争年代矢志不渝地投身于人民解放和民族独立事业，建立了新中国。新中国成立后，党和国家确立了"四个现代化"的目标，为建设一个伟大的社会主义国家而奋斗。党的十一届三中全会后，以邓小平为代表的中国共产党人制定了改革开放的伟大决策，不断解放和发展生产力。1987年，党的十三大确定了"为把我国建设成为富强、民主、文明的社会主义现代化国家而奋斗"[②]的宏伟目标。1997年，在邓小平"三步走"发展战略的基础上，党的十五大制定了

[①] 习近平. 高举中国特色社会主义伟大旗帜　为全面建设社会主义现代化国家而团结奋斗——在中国共产党第二十次全国代表大会上的报告 [M]. 北京：人民出版社，2022：46.

[②] 中共中央文献研究室. 十三大以来重要文献选编（上）[M]. 北京：人民出版社，1991：15.

三个阶段性目标,这也是党关于"两个一百年"的奋斗目标的最早表述。党的十六大以来,以胡锦涛为主要代表的中国共产党人提出全面建设一个惠及十几亿人口的更高水平的小康社会的奋斗目标。2007年,党的十七大把"和谐"写进了基本路线,党的奋斗目标进一步丰富,"为把我国建设成为富强、民主、文明、和谐的社会主义现代化国家而奋斗"①。党的十八大以来,以习近平同志为核心的党中央提出了实现中华民族伟大复兴的中国梦,并指出中国梦的核心内涵是国家富强、民族复兴、人民幸福。党的十九大报告提出,中国特色社会主义进入新时代是中国新的历史方位,从十九大到二十大是"两个一百年"奋斗目标的历史交汇期,并对这一重要时期进行了两个阶段的战略安排,把基本实现现代化的奋斗目标提前了15年,同时提出"建成富强民主文明和谐美丽的现代化强国"的奋斗目标。党的二十大提出将"全面建成社会主义现代化强国,实现第二个百年奋斗目标,以中国式现代化实现中华民族伟大复兴"②作为中国共产党的中心任务,并再次明确了全面建成社会主义现代化强国两步走的总的战略安排。不难看出,多年来,无论面临什么样的国际国内环境,无论党的事业是顺境还是逆境,中国共产党谋求国家富强、人民幸福,实现社会主义现代化的目标始终坚定不移。

二、发展道路:中国特色社会主义发展道路

马克思社会发展理论不仅揭示了人类社会发展的一般规律,同时

---

① 中国共产党第十七次全国代表大会文件汇编[M].北京:人民出版社,2007:61.
② 习近平.高举中国特色社会主义伟大旗帜 为全面建设社会主义现代化国家而团结奋斗——在中国共产党第二十次全国代表大会上的报告[M].北京:人民出版社,2022:20.

也肯定了由于历史、现实和文化的差异，不同国家和民族可以选择不同的发展道路。中国共产党人在马克思关于人类社会发展道路多样化的思想指导下，为了寻找适合中国国情的现代化道路，进行了艰辛的探索，付出了巨大的代价。在不同的历史时期，面对复杂的国际国内形势，中国共产党人顶住了来自国内外各方面的压力，成功开辟出中国特色社会主义发展道路。从新中国成立初期毛泽东提出的"以苏为鉴"，到改革开放初期邓小平提出"建设有中国特色的社会主义"的重大命题，再到20世纪80年代末90年代初，中国共产党人从社会主义事业遭遇低潮的挫折中奋起，顶住"资本主义终结人类历史"的谬论，与民主社会主义思潮划清界限，开拓了中国特色社会主义道路。随着时代的发展，中国特色社会主义道路日益彰显出独特的魅力。正是由于始终坚定不移地沿着这条道路前进，中国特色社会主义进入了新时代。历史和现实一再证明，中国特色社会主义道路是中国走向现代化的必由之路。正是因为中国共产党始终如一地坚持中国特色社会主义道路，发挥社会主义制度的优势，才使社会主义事业取得了前所未有的辉煌成就。中国用几十年的时间走完了西方国家几百年走完的工业化道路，成为仅次于美国的第二大经济体。中国在承办北京奥运会、战胜汶川地震灾难，以及应对国际金融危机、抗击新冠疫情等方面表现出来的快速有效的统筹兼顾能力，让许多西方国家自叹弗如。与此形成鲜明对比的是，一些照搬西方资本主义道路，试图实现现代化的发展中国家，至今还在遭受贫困和战火的折磨。西方资本主义道路在全球范围内的传播所带来的灾难性后果更加证明了资本主义绝非人类社会发展的唯一正途。"第三波民主浪潮"中普遍实行选举民主的国家，广大人民不但没有看到西式民主宣传者口中美好的图景，反而陷入了极度混乱的社会动荡中。以"华盛顿共识"为指导原则进行"自由化改革"的拉美国家更是面临严峻的经济社会问题。资本主义道路遭遇的现实危机宣告了"历史终结论"在实践中破产,甚至原本对资本主义制度笃定虔诚的福山也在其新书《政治秩序和政治衰败》中对美国的制度进行了反省。

历史是最好的老师,发展道路正确与否直接关乎发展目标的实现与否。党的十八大以来,以习近平同志为核心的党中央高度重视发展道路问题。他指出:"道路问题是关系党的事业兴衰成败第一位的问题,道路就是党的生命。"[1] 中国特色社会主义道路不仅使中国人民逐步摆脱了贫穷和落后,大踏步地赶上了时代,也为世界上其他国家实现现代化提供了不同于资本主义的道路选择,为人类社会的发展贡献了中国智慧和中国方案。毫不动摇地坚持和发展中国特色社会主义是以习近平同志为核心的党中央治国理政的鲜明特点。在不同场合,习近平多次强调,"中国特色社会主义道路,是实现我国社会主义现代化的必由之路,是创造人民美好生活的必由之路"[2]。

三、发展阶段:社会主义初级阶段

马克思社会发展理论认为,人类社会和自然界的发展一样具有内在规律性,人类创造自己的历史不是随心所欲的,而是在既得生产力的基础上进行创造。社会发展的自然阶段是不能取消和跳跃的。但是准确把握社会发展的自然阶段,可以减轻发展的代价和痛苦。早在民主革命时期,毛泽东就明确指出:"认清中国的国情,乃是认清一切

---

[1] 习近平. 习近平谈治国理政(第一卷)[M]. 北京:外文出版社,2014:21.
[2] 习近平. 习近平谈治国理政(第一卷)[M]. 北京:外文出版社,2014:9.

革命问题的基本的根据。"① 中国共产党人对中国处于并将长期处于社会主义初级阶段基本国情的科学判断，是中国建设现代化的基本依据和出发点。虽然时代在变化，中国发展面临的条件和问题也在不断改变，但是对于社会主义初级阶段的基本国情的判断在理论和实践中都被一再强调和肯定。即使社会主义现代化取得了辉煌的成就，但社会主义初级阶段的基本国情并没有改变。党的十九大虽然对社会主要矛盾做了新的重大判断，但同时指出："我国社会主要矛盾的变化，没有改变我们对我国社会主义所处历史阶段的判断，我国仍处于并将长期处于社会主义初级阶段的基本国情没有变，我国是世界最大发展中国家的国际地位没有变。"② 党的二十大报告指出，"我国是一个发展中大国，仍处于社会主义初级阶段"③。

历史实践表明，在坚持社会主义方面，必须把社会的性质和方向与发展的程度和水平结合起来，否则就会陷入盲目和不清醒的状态，使社会主义事业遭遇挫折和失败。党的十一届三中全会以来，中国共产党人对于中国所处的发展阶段始终保持清醒的认识，这是中国特色社会主义事业顺利发展的根本前提和出发点，也是中国共产党社会发展理论的重要内容。任何国家要想实现现代化，首要的前提就是认清国情。这是中国特色社会主义事业蓬勃发展的前提，也是中国共产党人对马克思主义社会发展理论的重大贡献。

---

① 毛泽东. 毛泽东选集（第2卷）[M]. 北京：人民出版社，1991：633.
② 习近平. 习近平谈治国理政（第三卷）[M]. 北京：外文出版社，2020：10.
③ 习近平. 高举中国特色社会主义伟大旗帜　为全面建设社会主义现代化国家而团结奋斗——在中国共产党第二十次全国代表大会上的报告[M]. 北京：人民出版社，2022：20.

四、发展动力：改革是推动社会发展的动力

通过改革调整生产关系以促进生产力的发展，是中国共产党社会发展理论的又一重要内容。20世纪50年代，毛泽东明确提出，"在社会主义社会中，基本的矛盾仍然是生产关系和生产力之间的矛盾，上层建筑和经济基础之间的矛盾"①，并指出社会主义社会的基本矛盾"可以经过社会主义制度本身，不断地得到解决"②。毛泽东关于社会主义基本矛盾的学说奠定了我国改革开放的理论基础。党的十一届三中全会以后，邓小平在新的实践中使毛泽东的矛盾学说得到了进一步的丰富和发展，科学地阐明了改革是社会主义社会发展的动力，在此基础上形成了社会主义改革开放理论，顺利推进改革开放的伟大实践，取得了举世瞩目的辉煌成就。

我们要全面认识和把握中国共产党的改革动力论。世界上搞改革的国家很多，为什么只有中国共产党的改革事业取得了巨大的成功？其原因就在于中国共产党的发展动力论始终坚持两条重要的原则：第一，必须坚持改革，不改革，社会主义事业就没有出路；第二，改革必须坚持马克思主义指导思想，坚持社会主义政治方向，如果指导思想、政治方向错了，社会主义不仅得不到发展，甚至会走向社会主义的反面，导致资本主义复辟，改革就失败了。因此，将改革作为发展的动力不在于要不要改革，而在于改什么，不改什么。在改革开放的过程中，邓小平对于坚持四项基本原则，反对资产阶级自由化态度非常坚定，他曾指出："在改革中坚持社会主义方向，这是一个很重要

---

① 毛泽东. 毛泽东文集（第7卷）[M]. 北京：人民出版社，1999：214.
② 毛泽东. 毛泽东文集（第7卷）[M]. 北京：人民出版社，1999：213-214.

的问题。……中国的政策基本上是两个方面,说不变不是一个方面不变,而是两个方面不变。人民忽略的一个方面,就是坚持四项基本原则,坚持社会主义制度,坚持共产党的领导。……这也是不变的嘛!"① 习近平总书记多次强调,中国的改革是有方向、有立场、有原则的,是在中国特色社会主义道路上不断前进的改革,而不是对社会主义制度改弦易张。"问题的实质是改什么,不改什么,有些不能改的,再过多长时间也是不改。"② 党的二十大报告在阐述坚持中国特色社会主义道路时明确指出,"坚持道不变、志不改,既不走封闭僵化的老路,也不走改旗易帜的邪路"③。不难看出,正是中国共产党始终把社会主义基本制度的"不改"与具体体制机制的"改"辩证统一于改革开放的历史进程之中,牢牢坚持改革的社会主义方向,才使中国的改革开放不但没有出现苏联那样的全局性错误,而是取得辉煌成就、赢得国内外普遍赞誉的最根本原因。因此,将牢牢坚持社会主义方向的改革作为社会发展的动力,是中国共产党社会发展理论的鲜明特色。

五、发展主体:人民群众是社会发展的主体

紧紧依靠群众,坚持群众的主体地位,是中国共产党从小到大、从弱到强的根本保证。以毛泽东为代表的中国共产党人在将唯物史观

---

① 邓小平. 邓小平文选(第3卷)[M]. 北京:人民出版社,1993:217.
② 中共中央宣传部. 习近平总书记系列重要讲话读本[M]. 北京:人民出版社,2016:73.
③ 习近平. 高举中国特色社会主义伟大旗帜 为全面建设社会主义现代化国家而团结奋斗——在中国共产党第二十次全国代表大会上的报告[M]. 北京:人民出版社,2022:27.

<<< 第六章 中国共产党社会发展理论的鲜明特色与方法论意义

与中国实际相结合的过程中,创立了党的群众路线。毛泽东同志指出,"人民,只有人民,才是创造历史的动力"[1]。在领导改革开放的历史进程中,邓小平指出,"群众是我们力量的源泉,群众路线和群众观点是我们的传家宝……如果哪个党组织严重脱离群众而不能坚决改正,那就丧失了力量的源泉,就一定要失败,就会被人民抛弃"[2]。江泽民指出,"党的领导、党的一切工作,都要依靠人民,相信人民,汲取人民的智慧,尊重人民的创造,接受人民的监督"[3],同时指出,解决改革和建设中遇到各种问题的好办法"归根到底是来自于人民群众创造历史的丰富多彩的实践"[4]。胡锦涛指出,"尊重人民主体地位,发挥人民首创精神,保障人民各项权益,走共同富裕道路,促进人的全面发展,做到发展为了人民、发展依靠人民、发展成果由人民共享"[5]。习近平指出,"实现中国梦,必须凝聚中国力量。这就是中国各族人民大团结的力量。……中国梦归根到底是人民的梦,必须紧紧依靠人民来实现"[6]。党的二十大报告指出,"我们要站稳人民立场、把握人民愿望、尊重人民创造、集中人民智慧"[7]。在追求发展的过程中,始终紧紧依靠人民,相信人民,服务人民,把"全心全意为人民服务"作为党的根本宗旨,从而汇聚起不可战胜的磅礴力量,是党的事业从小到大、从弱到强的根本保证。坚持人民的主体地位,是中国

---

[1] 毛泽东. 毛泽东选集(第3卷)[M]. 北京:人民出版社,1991:1031.
[2] 邓小平. 邓小平文选(第2卷)[M]. 北京:人民出版社,1994:368.
[3] 江泽民. 论党的建设[M]. 北京:中央文献出版社,2001:181.
[4] 江泽民. 论党的建设[M]. 北京:中央文献出版社,2001:181.
[5] 胡锦涛. 胡锦涛文选(第2卷)[M]. 北京:人民出版社,2016:624.
[6] 习近平. 习近平谈治国理政(第一卷)[M]. 北京:外文出版社,2014:40.
[7] 习近平. 高举中国特色社会主义伟大旗帜 为全面建设社会主义现代化国家而团结奋斗——在中国共产党第二十次全国代表大会上的报告[M]. 北京:人民出版社,2022:19.

共产党社会发展理论的重鲜明特色。

六、发展评价：人民的满意度是评价发展的最高标准

马克思社会发展理论认为，评价社会发展与否的标准不在抽象的精神领域，而是应该把生产力标准和人的发展标准统一起来。中国共产党始终牢牢把握马克思社会发展理论的评价标准，在推动生产力发展的基础上，将人民标准作为评价发展的最高标准，致力于在推动生产力发展的过程中逐步实现人的全面自由发展。

毛泽东曾明确指出："应该使每个同志明了，共产党人的一切言论行动，必须以合乎最广大人民群众的最大利益，为最广大人民群众所拥护为最高标准。"[①] 改革开放以来，面对国内外针对改革的各种争论和质疑，邓小平富有创见性地提出了评价发展的"三个有利于"的标准，从而避免了因为抽象的争论而贻误改革时机，使改革开放事业得以顺利推进。在改革开放的历史进程中，中国共产党始终把人民利益作为党的根本利益，不断为人民利益而奋斗。江泽民提出，"我们想事情，做工作，想得对不对，做得好不好，要有一个根本的衡量尺度，这就是人民拥护不拥护，人民赞成不赞成，人民高兴不高兴，人民答应不答应"[②]。胡锦涛把人民评价标准和树立正确的政绩观联系起来，他指出领导干部要树立正确的政绩观，要使"一切工作都要经得起实践、群众和历史的检验，衡量政绩的最终标准是人民拥护不拥护、赞成不赞成、答应不答应"[③]。在建党90周年大会上的讲话中，胡锦

---

① 毛泽东. 毛泽东选集（第3卷）[M]. 北京：人民出版社，1991：1096.
② 江泽民. 论党的建设[M]. 北京：中央文献出版社，2001：193-194.
③ 胡锦涛. 胡锦涛文选（第2卷）[M]. 北京：人民出版社，2016：121-122.

涛将始终坚持人民标准概括为党的事业不断取得成功的根本原因。党的十八大以来，以习近平同志为核心的党中央一以贯之地坚持发展评价的人民标准，并将其作为中国共产党人始终不能忘记的初心。习近平号召全体党员要"不忘初心、继续前进"，他指出"把人民拥护不拥护、赞成不赞成、高兴不高兴、答应不答应作为衡量一切工作得失的根本标准，使我们党始终拥有不竭的力量源泉"①，"时代是出卷人，我们是答卷人，人民是阅卷人"②。习近平从应考的审慎高度强调了中国共产党必须始终将人民标准作为评价发展的最高标准，人民才是评价社会发展合格与否的最终"阅卷人"。

七、发展的立足点：独立自主，自力更生

人类历史上没有一个民族、一个国家可以通过依赖外部力量，照搬外国模式、跟在他人后面亦步亦趋地实现强大和振兴。独立自主是中华民族的精神之魂，是中国共产党立国的重要原则，是中国共产党从中国实际出发，依靠党和人民力量进行革命、建设、改革的必然结论。对于发展道路的选择，中国共产党人始终坚持独立自主地选择适合中国国情的发展道路，即使资本主义道路在世界范围内拥有话语霸权，中国共产党人却始终立场坚定、头脑清醒。"独立自主"是毛泽东思想活的灵魂。新中国成立初期，毛泽东就明确提出要以苏为鉴，独立自主地探索适合中国情况的社会主义建设道路。党的十一届三中全会以来，中国共产党在实行对外开放的过程中，始终坚持对外开放

---

① 习近平. 习近平谈治国理政（第二卷）[M]. 北京：外文出版社，2017：40.
② 中共中央党史和文献研究院，中央"不忘初心、牢记使命"主题教育领导小组办公室. 习近平关于"不忘初心、牢记使命"论述摘编[M]. 北京：中央文献出版社、党建读物出版社，2019：37.

和独立自主的统一,用正确的态度对待资本主义社会创造的现代文明成果。邓小平明确指出,"中国的事情要按照中国的情况来办,要依靠中国人自己的力量来办。独立自主,自力更生,无论过去、现在和将来,都是我们的立足点","任何外国不要指望中国做他们的附庸,不要指望中国会吞下损害我国利益的苦果"①。中国特色社会主义进入新时代,世界面临百年未有之大变局,面对一些国家对中国发展的质疑,中国共产党人坚定不移地捍卫中国人民追求发展的权利,捍卫世界各国人民选择适合本国发展道路的权利。习近平指出,"我们积极学习借鉴人类文明的一切有益成果,欢迎一切有益的建议和善意的批评,但我们绝不接受'教师爷'般颐指气使的说教!中国共产党和中国人民将在自己选择的道路上昂首阔步走下去,把中国发展进步的命运牢牢掌握在自己手中"②。党的十九届六中全会通过的《中共中央关于党的百年奋斗重大成就和历史经验的决议》将"坚持独立自主"总结为中国共产党百年奋斗的宝贵经验,明确指出"党历来坚持独立自主开拓前进道路,坚持把国家和民族发展放在自己力量的基点上,坚持中国的事情必须由中国人民自己做主张、自己来处理"③。党的二十大报告指出,"党的百年奋斗成功道路是党领导人民独立自主探索开辟出来的,马克思主义的中国篇章是中国共产党人依靠自身力量实践出来的,贯穿其中的一个基本点就是中国的问题必须从中国基本国情

---

① 邓小平.邓小平文选(第3卷)[M].北京:人民出版社,1993:3.
② 习近平.习近平谈治国理政(第四卷)[M].北京:外文出版社,2022:11.
③ 中共中央关于党的百年奋斗重大成就和历史经验的决议[M].北京:人民出版社,2021:67.

出发,由中国人自己来解答"①。纵观中国共产党百年的奋斗历程,中国共产党在谋求民族复兴和人民幸福的过程中,始终闪耀着独立自主的光辉品格。独立自主,是中国式现代化得以形成的基点,更是中国共产党社会发展理论的形成的秘诀所在。

第二节 中国共产党社会发展理论的方法论特征

一、继承性与创新性

(一)中国共产党社会发展理论对马克思社会发展理论的继承与创新

与时俱进是马克思主义的理论品质。中国共产党社会发展理论的形成过程就是不断把马克思社会发展理论与中国实际相结合的过程。中国共产党人坚持马克思社会发展动力论,通过改革调整生产关系从而推动生产力的发展,形成了具有中国特色的改革动力论;中国共产党人坚持马克思主义的人民立场,在谋求发展中始终坚持人民的主体地位,将满足人民需要、维护人民利益作为推动发展的出发点和落脚点,致力于人的全面自由发展;中国共产党坚持马克思社会发展评价的生产力标准和价值标准的有机统一,将人民标准作为评价发展和党的一切工作的最高标准;中国共产党坚持马克思社会有机体理论,逐

---

① 习近平.高举中国特色社会主义伟大旗帜 为全面建设社会主义现代化国家而团结奋斗——在中国共产党第二十次全国代表大会上的报告[M].北京:人民出版社,2022:19.

步形成了经济、政治、文化、社会、生态协调发展的总体布局,并将之作为中国发展的目标矢志奋斗;中国共产党继承了马克思对未来社会发展阶段的科学设想,结合中国实际做出了中国处于并将长期处于社会主义初级阶段的重大判断,将其作为制定发展战略和发展政策的出发点和根本依据;中国共产党继承马克思的世界历史理论,将对外开放作为中国的一项基本国策,大胆学习借鉴一切国家的优点和长处,以开放促发展;中国共产党继承马克思对人类社会发展一般规律与不同民族国家发展道路的特殊性的科学判断,走出一条具有中国特色的社会主义发展道路。中国共产党社会发展理论充分体现了对马克思社会发展理论的继承,同时紧密结合中国国情进行理论创新,是继承性与创新性的有机统一。

(二) 中国共产党社会发展理论内部的继承与创新

中国共产党的百年历史是一部一代又一代共产党人为了共同的目标不断接续奋斗的历史。从毛泽东对中国共产党社会发展理论的探索,到邓小平对中国共产党社会发展理论的开创,再到江泽民、胡锦涛、习近平对中国共产党社会发展理论的不断创新发展,每一代中国共产党人的发展思想的形成都是在前人已有的基础上,根据新的时代条件,在研究新情况、解决新问题的过程中不断形成和发展起来的。社会主义制度确立后,中国共产党提出了实现"四个现代化"的奋斗目标。随着时代的发展,现代化的目标不断丰富和发展,从经济、文化"两位一体"到"三位一体",再到"四位一体""五位一体",建成富强民主文明和谐美丽的社会主义现代化强国的奋斗目标的确立,充分体现了中国共产党人追求现代化目标的坚定性与继承性,也体现了中国共产党人根据时代和实践的变化,对发展内容的丰富性和创新性。没有前人奠定的发展基础，就没有后人取得的发展成就。习近平在纪念邓小平同志诞辰110周年座谈会上的讲话中指出，"今天，历史的接力棒传到了我们手里，责任重于泰山"①。与此形成鲜明对比的是，当中国共产党人为了下一代而制订五年规划的时候，西方国家政党的一切计划都是为了下一次选举。不难看出，与西方不同政党和政府之间的相互质疑与否定根本不同，由于中国共产党的坚强领导和长期执政，一代一代的接续奋斗，使中国发展始终保持连续性与稳定性，中国发展道路与发展方式日益彰显出其独特的魅力。

二、整体性与系统性

马克思主义社会有机体理论揭示了社会发展的整体性与系统性。中国共产党人始终坚持马克思主义哲学的整体观和系统论，形成的现代化方案既注重发展范围的全面性，也十分注重系统内部的协调性，社会发展是整体性与系统性的辩证统一，是涉及经济社会各领域的系统工程，是各种要素构成的有机整体。早在新民主主义革命时期，毛泽东就明确提出，我们要建设的新中国，不仅有新经济，还有新政治和新文化。新中国成立后，毛泽东所做的《论十大关系》的报告，系统论述了社会主义建设中必须处理好十个方面的重大关系。改革开放以来，党中央制定了社会主义初级阶段基本路线，指出在社会主义初级阶段要处理好"一个中心，两个基本点"之间的关系，邓小平提出物质文明和精神文明要两手抓，两手都要硬。党的十三届四中全会以来，以江泽民为核心的第三代中央领导集体制定了科教兴国战略、可

---

① 习近平. 习近平谈治国理政（第二卷）[M]. 北京：外文出版社，2017：14.

持续发展战略、西部大开发战略,都是从经济社会发展全局的高度为国家发展做出的战略安排。进入21世纪以来,以胡锦涛同志为核心的党中央提出了以人为本,全面协调可持续的科学发展观。党的十八大以来,以习近平同志为核心的党中央提出了"五位一体"总体布局,"四个全面"战略布局,提出了"创新、协调、绿色、开放、共享"的新发展理念,无一例外都体现了中国共产党谋划现代化方案的整体性和系统性。

三、问题导向与目标导向

实践性是马克思主义哲学的鲜明特征。中国共产党在为实现现代化目标的接续奋斗中,不断解决发展中遇到的各种矛盾和问题,推进中国的现代化进程。习近平指出,"我们中国共产党人干革命、搞建设、抓改革,从来都是为了解决中国的现实问题"[①]。新民主主义革命时期,实现民族独立和人民解放是中国共产党人要解决的首要问题,以毛泽东为代表的中国共产党人带领中国人民找到了"农村包围城市,武装夺取政权"的革命道路,取得了新民主主义革命的胜利,建立了新中国,奠定了中国现代化的政权基础。新中国成立后,面对社会主义和资本主义两条道路、工人阶级和资产阶级两个阶级的矛盾,中国共产党制定了过渡时期的总路线,完成了三大改造,确立社会主义基本制度,奠定了当代中国一切发展进步的根本政治前提和制度基础。"文化大革命"结束后,以邓小平为代表的中国共产党人实现了党和国家的工作重心由"阶级斗争"到"经济建设"的转移,强调

---

① 习近平. 习近平谈治国理政(第一卷)[M]. 北京:外文出版社,2014:74.

<<< 第六章 中国共产党社会发展理论的鲜明特色与方法论意义

"发展是硬道理",开创了中国特色社会主义伟大事业。党的十三届四中全会以来,以江泽民为代表的中国共产党人继续坚持"一个中心,两个基本点"的基本路线,把发展作为党执政兴国的第一要务。为应对新科技革命的浪潮,提出了创新动力论,制定了科教兴国战略;面对东西部发展失衡问题,制定了西部大开发战略。进入新世纪新阶段,面对发展中的结构性问题、城乡及区域差距问题、经济发展和环境的矛盾问题等,胡锦涛提出树立全面、协调、可持续的科学发展观。党的十八大以来,以习近平同志为核心的党中央准确分析把握来自国际国内的机遇和挑战,提出"破解发展难题,厚植发展优势,必须牢固树立创新、协调、绿色、开放、共享的发展理念"[①]。2020年,面对世界百年未有之大变局,特别是新冠疫情的严重冲击,中国经济发展,特别是进出口贸易受到较大影响,为了应对冲击,党的十九届五中全会科学把握中国发展面临的机遇与挑战,提出"加快构建以国内大循环为主体、国内国际双循环相互促进的新发展格局"[②]。不难看出,随着时代的变化和实践的发展,旧的问题解决了,新的问题又不断产生。正是在不断解决各种各样发展问题的过程中,中国共产党社会发展理论日趋发展、完善。必须指出的是,虽然中国共产党社会发展理论在实践中不断发展、完善,但是中国共产党人追求社会主义现代化的发展目标从未改变,坚持以人民为中心的立场从未改变,追求人的全面自由发展的社会理想从未改变。中国共产党社会发展理论体现了目标导向和问题导向的有机统一。

---

① 中共中央关于制定国民经济和社会发展第十三个五年规划的建议[M].北京:人民出版社,2015:8.
② 中共中央关于制定国民经济和社会发展第十四个五年规划和二〇三五年远景目标的建议[M].北京:人民出版社,2020:38.

本章小结

本章探析了中国共产党社会发展理论的鲜明特色和方法论特征。中国共产党社会发展理论是马克思社会发展理论与中国实际相结合的产物。在实现现代化的历史进程中，中国共产党人坚持马克思社会发展理论的科学指导，根据时代条件和中国国情的发展变化，逐步形成了具有中国特色、符合中国国情的社会发展理论。

中国共产党人始终把国家富强和人民幸福作为发展目标。无论是在艰苦卓绝的革命战争年代，还是新中国成立初期一穷二白的基础上，抑或波澜壮阔的改革开放过程中，中国共产党人始终以国家富强、民族复兴、人民幸福为己任，为这一发展目标不懈奋斗。

中国共产党人坚定不移地走中国特色社会主义道路。中国特色社会主义道路，不仅使中国人民逐步摆脱了贫穷和落后，大踏步地赶上了时代，也为世界上其他国家实现现代化提供了不同于资本主义的道路选择，为人类社会的发展贡献了中国智慧和中国方案。

中国共产党人清醒地认识到中国正处于社会主义初级阶段。把社会的性质和方向与发展的程度和水平结合起来，以此作为制定发展政策和发展战略的基本依据和出发点。

中国共产党人将改革作为推动社会发展的动力，通过改革调整生产关系，推动生产力的发展。牢牢坚持改革的社会主义方向，是中国共产党将改革作为发展动力的突出特点。

中国共产党人始终坚持人民群众在推动发展过程中的主体地位，

坚持以人民为中心，把人民作为创造历史的动力。

中国共产党人坚持把人民的满意与否作为评价发展的最高标准，认为人民才是评价社会发展与否的最终"阅卷人"。

中国共产党人坚持把独立自主、自力更生作为实现发展的立足点，始终坚定不移地走适合中国国情的发展道路。

中国共产党社会发展理论坚持马克思社会发展理论的方法论原则，把继承性与创新性统一起来，整体性与系统性统一起来，坚持问题导向和目标导向有机统一起来，实现了中国共产党社会发展理论的创新发展。

因此，从马克思主义社会发展理论与中国共产党社会发展理论的关系来看，马克思社会发展理论是中国共产党人探寻中国发展道路的强大思想武器，中国共产党社会发展理论使马克思社会发展理论在中国得到创新发展，展现出新的生机与活力。

结语

中国共产党社会发展理论创新发展的启示

中国共产党社会发展理论是在马克思主义社会发展理论的指导下，几代中国共产党人立足中国发展实践，接续探索形成的重要理论成果。中国共产党社会发展理论突破了西方发展理论的思维固化，为中国的发展实践提供了科学指导，为其他发展中国家提供了全新的发展模式选择，为人类社会的发展贡献了中国智慧和中国方案。全面总结中国共产党社会发展理论创新发展的启示，对于未来中国的发展实践和中国特色社会主义发展理论的构建意义重大。

一、追求"实现中华民族伟大复兴"的发展目标始终坚定不移

实现全人类的解放，是马克思主义的终极追求和最高目标。中国共产党作为马克思主义政党，跳出了"西方化即现代化""现代化即工业化"的西方发展理论窠臼，始终坚持马克思主义的人民立场，把实现国家富强、人民幸福作为追求发展的最高目标，并为之不懈奋斗。无论是在艰苦卓绝的革命战争年代，还是一穷二白的新中国成立初期，抑或波澜壮阔的改革开放新时期，直到惊天动地的中国特色社会主义新时代，中国共产党始终以国家富强、民族复兴、人民幸福为己

任，为这一发展目标不懈奋斗。在追求发展的过程中，中国共产党对现代化的认识也从单一的工业化逐渐发展为经济、政治、文化、社会、生态"五位一体"的整体性现代化，物质文明和精神文明相协调的现代化。党的十八大以来，习近平把中国人民的奋斗目标形象地概括为"中国梦"，中国梦的核心内容是国家富强、民族振兴、人民幸福。中国梦把国家、民族和人民作为一个命运共同体，归根结底谋求的是最广大人民群众的根本利益。习近平多次强调，"人民对美好生活的向往就是我们的奋斗目标"[1]，"中国共产党人的初心和使命，就是为中国人民谋幸福，为中华民族谋复兴"[2]。"中国梦"不仅是全体中华儿女为之奋斗的宏伟目标，而且具有切实可行的战略安排。三届全国人大一次会议提出的"两步走"战略，邓小平提出"三步走"发展战略，党的十五大对"第三步"战略目标提出三个阶段性目标，再到党的十九大对实现"中国梦"的宏伟目标进行了两个阶段的战略安排，把基本实现现代化的奋斗目标提前了15年，在此基础上提出建设社会主义现代化强国的新的更高目标。党的十九届五中全会擘画了2035年实现现代化的远景目标，使得中国的现代化目标愿景更加清晰，实现现代化的路线更加明确。党的二十大明确提出以中国式现代化全面推进中华民族伟大复兴。中国共产党把推进经济现代化、国家现代化的目标，最终落脚到实现人的现代化上，把"中国梦"作为现代化目标，这与西方现代化谋求世界霸权，维护少数人的利益具有本质区别，是中国式现代化区别于西方式现代化的鲜明特色。

---

[1] 习近平. 习近平谈治国理政（第一卷）[M]. 北京：外文出版社，2014：4.
[2] 习近平. 习近平谈治国理政（第三卷）[M]. 北京：外文出版社，2020：1.

二、坚持中国共产党的领导核心地位

与西方发展模式将民众的普选权、两党或多党轮流执政的政治制度作为实现现代化的必要条件不同,坚持中国共产党的领导核心地位是中国共产党社会发展理论的最鲜明特色。回顾近代以来中国人民追寻现代化的发展历程,一个重要的结论就是中国的发展必须有一个坚强的领导核心,这个核心只能是中国共产党。鸦片战争以来,为了实现现代化,各种政治力量提出了各种各样的救国方案,但无论是封建地主阶级的实业救国,还是资产阶级改良派的君主立宪制,抑或资产阶级革命派建立的资产阶级共和国,都没能使中国走上现代化的发展道路。在中国共产党成立后,中国的革命面貌才焕然一新,实现现代化的百年梦想才有了实现的可能。在中国共产党的领导下,中国实现了民族独立和人民解放,建立了新中国,为实现现代化奠定了政权基础;完成了三大改造,确立了社会主义制度,奠定了现代化的制度基础;开辟了改革开放的伟大事业,为现代化事业提供了不竭的动力源泉,使中国人民大踏步赶上了时代,中国特色社会主义进入新时代,中华民族实现了从站起来、富起来到强起来的伟大飞跃。历史和现实一再证明,中国共产党的领导是中国特色社会主义最本质的特征,"没有共产党,就没有新中国,就没有新中国的繁荣富强"[1]。当今时代,面对世界百年未有之大变局,中国面临的国际国内环境更加错综复杂,发展道路上遇到的各种矛盾和问题层出不穷,只有牢牢坚持中国共产党的领导核心地位,社会主义现代化强国的目标才能如期实

---

[1] 习近平. 习近平谈治国理政(第一卷)[M]. 北京:外文出版社,2014:18.

现，民族复兴的伟大梦想才能变成美好的现实。

三、坚持中国特色社会主义的发展方向

进入现代社会以来，世界各国追求现代化的道路大致有两条：一条是欧美式的资本主义道路，即通过资本主义制度实现现代化；另一条是社会主义道路，即通过社会主义实现民族独立和国家富强。由于社会主义是新生事物，如何经由社会主义实现现代化，是社会主义国家面临的全新课题。第一个社会主义国家苏联探索的现代化模式最终以失败而告终。对于中国的现代化道路选择，中国共产党人进行了艰辛的探索。早在20世纪50年代，毛泽东同志就提出独立自主地探索符合中国情况的社会主义建设道路。他指出，实现现代化无非就是资本主义与社会主义两条道路，"资本主义道路，也可增产，但时间要长，而且是痛苦的道路。我们不搞资本主义，这是定了的"[1]。改革开放以来，邓小平反复强调，"中国搞现代化，只能靠社会主义，不能靠资本主义"[2]，"方向决定道路，道路决定命运"[3]。改革不是对社会主义的改弦易张，而是社会主义制度的自我完善和发展。习近平指出，"在道路、方向、立场等重大原则问题上，旗帜要鲜明，态度要明确，不能有丝毫含糊。在前进道路上，要咬定青山不放松，坚持独立自主，既不走封闭僵化的老路，也不走改旗易帜的邪路，而是坚定不移走中国特色社会主义道路"[4]。

---

[1] 毛泽东. 毛泽东文集（第6卷）[M]. 北京：人民出版社，1999：299.
[2] 邓小平. 邓小平文选（第3卷）[M]. 北京：人民出版社，1993：229.
[3] 习近平. 习近平谈治国理政（第二卷）[M]. 北京：外文出版社，2017：36.
[4] 中共中央宣传部. 习近平新时代中国特色社会主义思想学习纲要[M]. 北京：学习出版社、人民出版社，2019：247.

坚持中国特色社会主义道路，其中最重要的就是如何认识社会主义和市场经济的关系。在西方现代化的模式中，自由主义被奉为教条，市场作为"无形的手"，其作用被无限夸大，酿成了一次又一次的经济危机。与此相反，世界上第一个社会主义国家苏联在探索社会主义发展道路的过程中，否定市场机制的作用，形成了政治经济高度集中的"苏联模式"，以行政命令取代市场规则，虽然取得了辉煌成就，也存在严重弊端，最终在资本主义的疯狂进攻之下，放弃了社会主义，走上了资本主义道路。面对现代化的过程中如何处理"政府"和"市场"之间关系的难题，中国共产党人立场坚定，头脑清醒，始终坚持根据中国发展实际探索符合中国国情的经济体制，实现了社会主义制度和市场经济的有机结合。在1992年的南方谈话中，邓小平明确提出："计划经济不等于社会主义，资本主义也有计划；市场经济不等于资本主义，社会主义也有市场。"[1]党的十四大根据改革开放实践发展的要求和邓小平关于社会主义也可以搞市场经济的思想，特别是邓小平南方谈话的精神，确定了建立社会主义市场经济体制的改革目标。江泽民指出，"我们搞的是社会主义市场经济，'社会主义'这几个字是不能没有的，这并非多余，并非画蛇添足，而恰恰相反，这是画龙点睛。所谓'点睛'，就是点明我们的市场经济的性质"[2]。2013年，党的十八届三中全会明确提出，要"使市场在资源配置中起决定性作用和更好发挥政府作用"[3]。把社会主义制度和市场经济有机结合，是中国共产党人的伟大创造，为解决政府和市场的关系难题贡献

---

[1] 邓小平. 邓小平文选（第3卷）[M]. 北京：人民出版社，1993：573.
[2] 江泽民. 论社会主义市场经济 [M]. 北京：中央文献出版社，2002：203.
[3] 中共中央关于全面深化改革若干重大问题的决定 [M]. 北京：人民出版社，2013：6.

了中国智慧和中国方案，更为中国的现代化道路提供了坚实的经济支撑。

四、坚持马克思主义社会发展理论的科学指导

发展实践离不开发展理论的指导。由于特殊的历史条件和现实国情，中国的发展实践极具特殊性，加之理论与实践的错位，西方发展理论不可能给中国的发展实践提供科学的指导。中国特色社会主义发展理论的构建，必须坚持马克思主义社会发展理论的科学指导，同时立足中国发展实践，实现马克思社会发展理论的中国化、时代化。坚持马克思主义社会发展理论的科学指导，首要的就是坚持社会主义发展方向，在所有制问题上旗帜鲜明地捍卫公有制的主体地位；坚持马克思主义社会发展理论的指导，就要站稳人民立场，始终坚持发展为了人民，发展依靠人民，发展成果由人民共享；坚持马克思主义社会发展理论的指导，就要坚信社会主义必然胜利、资本主义必然灭亡的历史规律，同时尊重世界各国发展道路的多样性，毫不动摇地坚持中国特色社会主义发展道路；坚持马克思主义社会发展理论的指导，还要善于分辨和抵制各种社会思潮，比如，民主社会主义思潮、新自由主义思潮、西方宪政民主思潮、"普世价值"思潮、历史虚无主义思潮等，这些思潮专注于不同的领域，名义上虽然是学术争论，但实质上都是资产阶级思潮，即否定人类社会发展道路的多样性，坚持把资本主义作为实现现代化的唯一方向，试图把中国的发展引到资本主义道路上去，对此，我们必须有清醒的认识，同这些思潮进行坚决斗争，捍卫马克思主义社会发展理论在发展领域的指导地位，构建中国特色社会主义发展理论，用以指导中国的发展实践。

五、坚持人民群众的主体地位

与西方现代化模式专注于少数人的现代化不同,中国的现代化始终坚持人民群众的主体地位,是全体人民共同享有的现代化。唯物史观认为,人民群众是历史的创造者。理论只有被群众掌握,才能变成改变世界的物质力量。中国共产党是马克思主义政党,一经成立就把发动人民群众作为党的主要工作。"从没有什么救世主,也不靠神仙皇帝,要创造我们幸福的生活,全靠我们自己……"20世纪20年代,当《国际歌》第一次在中国大地奏响,中国共产党人通过自己的努力唤醒了广大工农群众的觉醒意识。中国共产党的事业是人民的事业,必须依靠人民来实现。实现社会主义现代化的过程,也就是不断满足人民群众美好生活需要的过程,必须始终坚持发展为了人民,发展依靠人民,发展成果由人民共享。回顾中国共产党百年的奋斗历程,特别是改革开放40多年的奋斗历程,不难发现,没有人民群众的首创精神,没有人民群众积极性和主动性的发挥,就没有经济社会的全面发展和进步。邓小平同志曾深刻指出:"改革开放中许许多多的东西,都是群众在实践中提出来的","绝不是一个人脑筋就可以钻出什么新东西来","这是群众的智慧,集体的智慧"。[①] 习近平指出,"改革开放在认识和实践上的每一次突破和深化,改革开放中每一个新生事物的产生和发展,改革开放每一个领域和环节经验的创造和积累,无不来自亿万人民的智慧和实践。没有人民支持和参与,任何改革都不可

---

① 邓小平思想年编(一九七五——一九九七)[M]. 北京:中央文献出版社,2011:711-712.

能取得成功"①。坚持人民群众的主体地位，尊重人民群众的首创精神，就是使人民群众认识到社会主义现代化事业是人民群众自己的事业，"中国梦"归根结底是人民的梦，只有通过自己的努力奋斗才能实现，使广大人民自觉投身于社会主义伟大实践；同时尊重人民群众在实践中创造的新鲜经验，因为这些经验反映了事物发展的客观规律，代表着社会进步的方向，必须及时总结归纳，发挥其示范作用；并将群众实践作为检验党的路线、方针、政策的标准，党的理论创新只有经过群众实践的检验才能上升为科学真理。在一个拥有十几亿人口的国家进行现代化建设，世界上没有先例，中国的现代化建设成就举世瞩目，如期全面建成小康社会，踏上全面建设社会主义现代化国家的新征程，就是因为中国始终坚持人民的主体地位，使全体人民共同享有发展成果。

六、坚持在实践总结中不断进行理论创新

今天，人类社会的发展一日千里，日新月异。中国在发展的过程中，也不可避免地出现了一些新矛盾、新问题。没有立足中国实践的理论创新，就解决不了中国的实际问题。早在1944年，毛泽东同志就阐明了立足实践进行理论创新的重要性，他指出，"我们的态度是批判地接受我们自己的历史遗产和外国的思想。我们既反对盲目接受任何思想也反对盲目抵制任何思想。我们中国人必须用我们自己的头脑进行思考，并决定什么东西能在我们自己的土壤里生长起来"②。习近

---

① 习近平. 在庆祝海南建省办经济特区30周年大会上的讲话 [M]. 北京：人民出版社，2018：18.
② 毛泽东. 毛泽东文集（第3卷）[M]. 北京：人民出版社，1996：192.

平指出,"在认识世界和改造世界的过程中,旧的问题解决了,新的问题又会产生,制度总是需要不断完善,因而改革既不可能一蹴而就,也不可能一劳永逸"①。中国共产党是理论创新的典范,中国共产党100多年的奋斗历史是一部不断推进马克思主义中国化的历史,也是一部不断进行理论创新的历史。因此,中国共产党社会发展理论的创新发展,必须立足当代中国的发展实践,紧跟时代的发展变化,不断研究中国发展中遇到的新情况、不断解决中国发展中遇到的新问题,不断总结实践经验,推动理论创新。

七、坚持以世界眼光推进中国发展

早在100多年前,马克思就揭示了人类历史已经转化世界历史的客观现实。当今时代,经济全球化已经成为锐不可当的时代潮流。任何一个国家想要发展都不可能孤立于世界之外。近代世界的历史一再证明,一个国家和民族想要发展必须融入世界,顺应时代潮流,否则就会贫穷落后、被动挨打。鸦片战争以来,造成中国百年屈辱的重要原因就是实行闭关锁国政策,错失了几次工业革命转移扩散的机会,使中国大大落后于时代。改革开放以来,中国共产党总结历史经验,痛定思痛,把对外开放作为一项基本国策,毅然决然地打开国门,融入世界发展大潮,使中国大踏步地赶上了时代。改革开放之初,邓小平深刻分析了当今时代特征和世界大势,指出"现在的世界是开放的世界"②,"总结历史经验,中国长期处于停滞和落后状态的一个重要原因是闭关自守。经验证明,关起门来搞建设是不能成功的,中国的

---

① 习近平. 习近平谈治国理政(第一卷)[M]. 北京:外文出版社,2014:74.
② 邓小平. 邓小平文选(第3卷)[M]. 北京:人民出版社,1993:64.

发展离不开世界"①。习近平指出，"中国的大门对世界始终是打开的，不会关上。开着门，世界能够进入中国，中国也才能走向世界"②。当今时代，社会主义和资本主义同时存在，相互竞争而发展。坚持中国特色社会主义发展道路，并不妨碍我们学习借鉴资本主义的文明成果，实际上任何一种更高文明的发展都是建立在已有文明成果的基础之上的。中国一方面以开放的姿态学习借鉴人类文明的先进成果，另一方面也通过自身的努力为人类文明的发展做出贡献。值得一提的是，与西方国家推动全球化是为了在世界范围内攫取资源、维护自身利益而不择手段的霸权主义不同，中国融入世界的过程是通过和平的方式与世界各国实现共同发展，习近平将其概括为构建人类命运共同体。因此，中国共产党社会发展理论不但通过树立世界眼光，与其他文明相互借鉴，在对外开放中实现自身发展，更通过自身的发展为世界的发展、人类的进步贡献中国智慧与中国力量。

---

① 邓小平. 邓小平文选（第 3 卷）[M]. 北京：人民出版社，1993：78.
② 习近平. 习近平谈治国理政（第二卷）[M]. 北京：外文出版社，2017：486.

参考文献

一、中文著作类

[1] 马克思, 恩格斯. 马克思恩格斯全集（第1-4, 19, 22, 23, 25, 28, 46卷）[M]. 北京：人民出版社, 1963, 1972.

[2] 马克思, 恩格斯. 马克思恩格斯选集（第1-4卷）[M]. 北京：人民出版社, 1995.

[3] 马克思, 恩格斯. 马克思恩格斯文集（第1, 3, 4卷）[M]. 北京：人民出版社, 2009.

[4] 列宁. 列宁全集（第1卷）[M]. 北京：人民出版社, 1984.

[5] 列宁. 列宁选集（第3, 4卷）[M]. 北京：人民出版社, 1995.

[6] 毛泽东. 毛泽东选集（1-4卷）[M]. 北京：人民出版社, 1991.

[7] 毛泽东. 毛泽东文集（1-8卷）[M]. 北京：人民出版社, 1999.

[8] 周恩来. 周恩来选集 [M]. 北京：人民出版社, 1984.

[9] 周恩来. 周恩来经济文选 [M]. 北京：中央文献出版社, 1993.

[10] 邓小平. 邓小平文选（1-3卷）[M]. 北京：人民出版社, 1993.

[11] 江泽民. 论党的建设 [M]. 北京：中央文献出版社, 2001.

[12] 江泽民. 江泽民文选（1-3卷）[M]. 北京：人民出版社, 2006.

［13］胡锦涛．胡锦涛文选（1-3卷）［M］．北京：人民出版社，2016．

［14］习近平．习近平谈治国理政［M］．北京：外文出版社，2014．

［15］习近平．习近平谈治国理政（第二卷）［M］．北京：外文出版社，2017．

［16］习近平．习近平谈治国理政（第三卷）［M］．北京：外文出版社，2020．

［17］习近平．习近平谈治国理政（第四卷）［M］．北京：外文出版社，2022．

［18］习近平．之江新语［M］．杭州：浙江人民出版社，2007．

［19］习近平．高举中国特色社会主义伟大旗帜　为全面建设社会主义现代化国家而团结奋斗——在中国共产党第二十次全国代表大会上的报告［M］．北京：人民出版社，2022．

［20］中共中央文献研究室．十三大以来重要文献选编．（上）［M］．北京：人民出版社，1991．

［21］中共中央文献研究室．十三大以来重要文献选编．（中）［M］．北京：人民出版社，1991．

［22］中共中央文献研究室．十三大以来重要文献选编．（下）［M］．北京：人民出版社，1993．

［23］中共中央文献研究室．建国以来重要文献选编（第八册）［M］．北京：中央文献出版社，1994．

［24］中共中央文献研究室．邓小平论教育［M］．北京：人民教育出版社，2004．

［25］中共中央文献研究室．十六大以来重要文献选编（上）［M］．北京：中央文献出版社，2005．

［26］中共中央宣传部．科学发展观学习读本［M］．北京：学习

出版社，2008.

[27] 中共中央文献研究室. 十六大以来重要文献选编（下）[M]. 北京：中央文献出版社，2011.

[28] 中共中央文献研究室. 邓小平思想年编（一九七五—一九九七）[M]. 北京：中央文献出版社，2011.

[29] 中共中央文献研究室. 十八大以来重要文献选编（上）[M]. 北京：中央文献出版社，2014.

[30] 中共中央文献研究室. 十八大以来重要文献选编（中）[M]. 北京：中央文献出版社，2016.

[31] 中共中央宣传部. 习近平总书记系列重要讲话读本 [M]. 北京：学习出版社，2014.

[32] 中共中央宣传部. 习近平总书记系列重要讲话读本 [M]. 北京：学习出版社，2016.

[33] 中共中央宣传部. 习近平新时代中国特色社会主义思想学习纲要 [M]. 北京：学习出版社、人民出版社，2019.

[34] 中共中央关于党的百年奋斗重大成就和历史经验的决议 [M]. 北京：人民出版社，2021.

[35] [埃及] 阿明. 不平等的发展 [M]. 高铦，译. 北京：商务印书馆，2000.

[36] [巴西] 多斯桑托斯. 帝国主义与依附 [M]. 杨衍永、齐海燕、毛金里、白凤森，译. 北京：社会科学文献出版社，1999.

[37] [法] 弗朗索瓦·佩鲁. 新发展观 [M]. 张宁，丰子义，译. 北京：华夏出版社，1987.

[38] [美] 布莱克. 现代化的动力 [M]. 段小光，译. 成都：四川人民出版社，1988.

[39] [美] 罗伯特·布伦纳. 马克思社会发展理论新解 [M].

张秀琴，译．北京：中国人民大学出版社，2015.

[40] [美] 塞缪尔·亨廷顿等．变革社会中的政治秩序 [M]．王冠华、刘为，译．上海：上海人民出版社，2008.

[41] [美] 伊曼纽尔·沃勒斯坦．现代世界体系（第1卷）[M]．罗荣渠，译．北京：高等教育出版社，1998.

[42] [瑞典] 缪尔达尔．亚洲的戏剧：南亚国家贫困问题研究 [M]．(美) 金，缩写，方福前，译．北京：商务印书馆，2015.

[43] 范燕宁，邱耕田等．邓小平发展理论与科学发展观 [M]．北京：首都师范大学出版社，2004.

[44] 丰子义．现代化的理论基础——马克思现代化发展理论研究 [M]．北京：北京大学出版社，1995.

[45] 丰子义．发展的反思与探索：马克思社会发展理论的当代阐释 [M]．北京：中国人民大学出版社，2006.

[46] 丰子义．马克思主义社会发展理论研究 [M]．北京：北京师范大学出版社，2012.

[47] 韩庆祥，邱耕田．马克思主义社会发展理论简史 [M]．北京：中共中央党校出版社，2021.

[48] 侯衍社．马克思的社会发展理论及其当代价值 [M]．北京：中国社会科学出版社，2004.

[49] 侯远长．邓小平发展思想研究 [M]．北京：中国经济出版社，1997.

[50] 胡鞍钢．中国：新发展观 [M]．杭州：浙江人民出版社，2004.

[51] 金伟．当代中国共产党人的发展观研究 [M]．北京：中国社会科学出版社，2011.

[52] 雷振扬．马克思主义社会发展理论与中国社会发展问题研

究［M］．北京：民族出版社，2002．

［53］李培林．坚持以人民为中心的新发展理念［M］．北京：中国社会科学出版社，2019．

［54］林娅．全球化与社会发展理论研究［M］．北京：北京大学出版社，2006．

［55］刘家俊．邓小平的发展观［M］．武汉：湖北人民出版社，1998．

［56］刘森林．重思发展——马克思发展理论的当代价值［M］．北京：人民出版社，2003．

［57］刘新刚．马克思社会发展理论的价值维度［M］．北京：中央编译出版社，2010．

［58］罗荣渠．现代化新论——世界与中国的现代化进程（增订本）［M］．北京：商务印书馆，2004．

［59］吕世荣．马克思社会发展理论研究［M］．北京：中国社会科学出版社，2001．

［60］潘利红，李韬，周新华．中国共产党发展观变迁研究［M］．北京：中共党史出版社，2008．

［61］庞元正，丁东红．当代西方社会发展理论新词典［M］．长春：吉林人民出版社，2001．

［62］秦宣，主编．中国特色社会主义史（上册）［M］．北京：高等教育出版社，2009．

［63］王晶雄，王善平．社会发展：反思与超越——马克思主义社会发展理论研究［M］．上海：学林出版社，2008．

［64］王伟光，主编．科学发展观概论［M］．北京：人民出版社，2009．

［65］魏礼群．科学发展观和现代化建设［M］．北京：人民出版

社，2005.

[66] 赵智奎. 邓小平社会发展战略［M］. 昆明：云南人民出版社，1996.

[67] 李培林，主编. 坚持以人民为中心的新发展理念［M］. 北京：中国社会科学出版社，2019.

二、报纸期刊类

[1] 陈金龙. 五大发展理念的多维审视［J］. 思想理论教育，2016（1）.

[2] 成龙. "五大发展理念"精神实质探析［J］. 科学社会主义，2016（1）.

[3] 程恩富. 论新常态下的五大发展理念［J］. 南京财经大学学报，2016（1）.

[4] 丰子义. 马克思社会发展理论的当代价值——兼论其把握方式与寻求途径［J］. 北京大学学报（哲学社会科学版），2006（4）.

[5] 丰子义. 社会发展与社会结构转换——马克思的研究视角［J］. 西南大学学报（社会科学版），2012（4）.

[6] 耿媛. 马克思主义社会发展理论与"五大发展理念"的契合［J］. 长春工程学院学报（社会科学版），2016（9）.

[7] 顾海良. 新发展理念的马克思主义政治经济学探讨［J］. 马克思主义与现实，2016（1）.

[8] 顾海良. 新发展理念与当代中国马克思主义经济学的意蕴［J］. 中国高校社会科学，2016（1）.

[9] 郝立新. 中国特色社会主义实践的战略布局和发展理念［J］. 中国特色社会主义研究，2015（6）.

[10] 何思红，高静雅. "五大理念"是对马克思主义社会发展

理论的丰富和发展 [J]. 理论与当代, 2016 (4).

[11] 侯衍社. 马克思主义社会发展理论的最新成果——对全面建设小康社会理论的评析 [J]. 理论学刊, 2003 (2).

[12] 蒋红群. 五大发展理念与科学发展观之关系探要 [J]. 马克思主义研究, 2016 (10).

[13] 金民卿. 邓小平科学发展思想的深刻内涵及当代启示 [J]. 中国人口·资源与环境, 2011 (10).

[14] 梁斯. 用发展的办法解决前进中的问题——中国共产党人对马克思主义社会发展观的杰出贡献 [J]. 理论探索, 2005 (5).

[15] 刘桂山. "北京共识"为世界带来希望—西方学者雷默论述中国经济发展模式的理论与实践 [N]. 参考消息特刊, 2004-6-10.

[16] 刘元珍, 徐清照. 中国共产党及其发展理论对马克思主义发展观的丰富和发展 [J]. 理论学刊, 2006 (3).

[17] 罗荣渠. 建立马克思主义的现代化理论的初步探索 [J]. 中国社会科学, 1988 (1).

[18] 邱耕田, 韩冰慧. 论习近平社会发展思想基本问题 [J]. 中共中央党校学报, 2017 (3).

[19] 任理轩. 关系我国发展全局的一场深刻变革——深入学习贯彻习近平同志关于"五大发展理念"的重要论述 [N]. 人民日报, 2015-11-4.

[20] 施芝鸿. 既有深刻的历史背景, 又有理念亮点、理念红线和鲜明的逻辑——引领中国发展全局的五大发展理念 [J]. 理论导报, 2015 (11).

[21] 史为磊. 论五大发展理念对马克思主义社会发展理论的新贡献 [J]. 大连干部学刊, 2016 (10).

[22] 田鹏颖. 马克思世界历史理论视野下"中国道路"的生成

逻辑［J］．学习与探索，2015（10）．

［23］王伟光．马克思主义的世界历史理论与中国特色社会主义道路——学习马克思（1879—1882年）间研究笔记札记［J］．哲学研究，2015（6）．

［24］王伟光．深入研究中国发展道路和发展经验丰富和发展马克思主义社会形态理论［J］．中国社会科学，2011（1）．

［25］吴兆雪，杨耕．马克思社会发展理论的研究述评［J］．中国社会科学，1996（1）．

［26］辛鸣．论当代中国发展战略的构建［J］．中国特色社会主义研究，2016（1）．

［27］熊晓琳等．五大发展理念与中国特色社会主义［J］．思想理论教育导刊，2016（1）．

［28］严书翰．中国共产党社会发展理论的演进与创新——兼论习近平发展思想的科学内涵［J］．人民论坛，2016（3）．

［29］尹汉宁．以多维视角认识把握五大发展理念［N］．人民日报，2016-1-12．

［30］赵兴华．五大发展理念是马克思主义社会发展理论的最新成果［J］．中共南昌市委党校学报，2016（4）．

［31］赵一红．后发型现代化——对发展理论的反思［J］．中国社会科学院研究生院学报，1999（4）．

［32］赵一红．马克思的"亚细亚生产方式"理论与东方社会结构［J］．马克思主义研究，2002（5）．

［33］赵英红．马克思东方社会发展理论研究——兼论中国现代化道路的理论自觉［J］．中国地质大学学报（社会科学版），2021（2）．

［34］周光迅，王静雅．资本主义制度才是生态危机的真正根源

[J].马克思主义研究,2015(8).

[35]周建超.马克思社会有机体理论及其当代价值[J].扬州大学学报(人文社会科学版),2008(12).

[36]庄福龄、杨奎.科学发展观:邓小平社会发展理论的时代创新[J].理论探索,2006(5).

[37]庄福龄.论马克思主义发展观及其在新世纪的理论升华[J].教学与研究,2007(1).

[38]庄福龄.中国现代化与毛泽东思想[J].毛泽东研究,2009(1).

三、学位论文类

[1]陈聚芳.中国共产党社会发展理论研究[D].北京:中共中央党校,2011.

[2]刘军.邓小平发展理论与科学发展观研究[D].武汉:华中师范大学,2006.

[3]马彬.马克思社会发展理论及当代价值研究[D].北京:电子科技大学,2012.

[4]毛厚军.中国共产党对马克思主义社会发展理论创新研究[D].重庆:西南大学,2008.

[5]巩瑞波.构建与超越——现代化中国方案研究[D].长春:吉林大学,2018.